GENOGRAMA

Cynthia Ladvocat

GENOGRAMA

Mitos e segredos sobre a origem da criança adotiva

Artesã

Genograma: mitos e segredos sobre a origem da criança adotiva

DIRETOR
Alcebino Santana

COORDENAÇÃO EDITORIAL
Karol Oliveira

DIREÇÃO DE ARTE
Tiago Rabello

REVISÃO
Giovanna M. Hailer Felipe

CAPA
Ana Stancioli Castriota

DIAGRAMAÇÃO
Luís Otávio Ferreira

L157 Ladvocat, Cynthia, 1951-.
Genograma : mitos e segredos sobre a origem da criança na família adotiva / Cynthia Ladvocat. – 2. ed. – Belo Horizonte : Artesã, 2021.
158 p. ; 21 cm.
ISBN: 978-65-86140-69-9

1. Psicoterapia. 2. Adoção. 3. Genogramas. I. Título.

CDU159.9.018

Catalogação: Aline M. Sima CRB-6/2645

IMPRESSO NO BRASIL
Printed in Brazil

(31)2511-2040 (31)99403-2227
www.artesaeditora.com.br
Rua Rio Pomba 455, Carlos Prates - Cep: 30720-290 | Belo Horizonte - MG
/artesaeditora

APRESENTAÇÃO

O GRANDE MOSAICO FORMADO POR TODOS OS QUE VIVEM A ADO-ção no Brasil fica enriquecido com mais este precioso e importante livro GENOGRAMA: MITOS E SEGREDOS SOBRE A ORIGEM DA CRIANÇA ADOTIVA, de autoria da psicóloga, psicanalista e terapeuta familiar, Cynthia Ladvocat. Precioso pela abordagem original dos aspectos formadores da família adotiva, com especial destaque para o resgate e a valorização do passo inicial de toda e qualquer adoção, a chegada da criança ao seu novo lar, com sua história, com o seu passado, com sua origem. Precioso também, porque apresenta, através de casos clínicos, e de uma forma objetiva e sensível, instrumentos de escuta, de observação e de intervenção, ainda pouco conhecidos e utilizados por aqueles que atuam no apoio e na orientação das famílias adotivas nas diversas etapas do seu desenvolvimento.

É um livro importante, porque surge num momento em que é preciso fortalecer o movimento social que busca redefinir o papel da adoção no Brasil, retirando-a dos espaços sombrios da quase clandestinidade a que parecia destinada pela insensata tentativa de "imitar a biologia", e abrindo espaços, nas mentes e nos corações, para que ela cumpra o seu verdadeiro papel, humano e social, que é o de ser um recurso, certamente o mais completo, de proteção para as crianças e adolescentes privados do direito fundamental de viver em uma família. É um livro importante porque destaca o papel do diálogo, de um diálogo capaz de resgatar o passado, da criança com sua origem e dos adotantes com suas motivações, de valorizar o presente pelo reconhecimento das potencialidades e dos desafios do encontro, e de proteger um futuro que seja enriquecido pela experiência compartilhada construída ao longo do tempo. É inovadora e oportuna a contribuição deste livro de Cynthia Ladvocat que, fiel à sua trajetória pessoal e profissional, acredita na importância de atrair, reunir, mobilizar, organizando, articulando e harmonizando, os diversos setores da sociedade brasileira em torno dos desafios essencialmente humanizantes, como o da construção de uma nova cultura da adoção no nosso país.

FERNANDO FREIRE

INTRODUÇÃO

O OBJETIVO DESTE TRABALHO É VERIFICAR COMO A FAMÍLIA ADOtiva concebe a questão da origem de seu filho adotivo e como os mitos e segredos interferem nessa concepção.

Neste início de um novo século, com tantas novas configurações familiares, uma questão é colocada: Por que existem tantos preconceitos sobre a adoção e sobre as origens das crianças adotadas?

Desde que iniciei minha prática como psicóloga no SPA, da PUC-Rio, em 1976, com o caso de uma menina adotada, a adoção tem feito parte de minha clínica em consultório, por meio do atendimento de crianças, adolescentes, adultos e suas famílias adotivas. Essa experiência ampliou-se nos últimos anos por conta do contato com os Grupos de Apoio à Adoção de vários estados do país e com o trabalho em uma instituição que presta assessoria a técnicos de abrigos e juizados, promovendo cursos de capacitação no trabalho social com famílias, e reuniões com pais adotivos e aspirantes à adoção. O presente estudo visa compreender a dificuldade das famílias com as origens dos seus filhos adotivos, o que propicia o surgimento de mitos e segredos acerca do tema.

Até alguns anos atrás, a adoção estava baseada na cultura do segredo. As crianças eram adotadas e criadas como legítimas e a adoção e a origem biológica não costumavam ser reveladas. Os pais eram orientados a nunca contarem a seus filhos adotivos sobre a adoção ou a somente o fazerem na vida adulta. O segredo era visto como um modo lógico de proteger a criança do estigma e preconceito que envolviam o tema.

Ao omitirem de seus filhos a verdade sobre a adoção, os pais adotivos acreditavam que os protegiam de uma decepção. Ao mesmo tempo, esses pais resguardavam-se de uma possível revolta dos filhos adotivos contra eles próprios. O princípio orientador era o de que o diferente deveria ser negado e o desenvolvimento da criança adotiva deveria ser, tanto quanto possível, exatamente igual ao processo natural. Havia um forte preconceito com as crianças abandonadas, as quais eram consideradas "bastardas".

O passado daquelas famílias e de seus filhos era condenado pela sociedade da época. Logo, se uma criança era adotada, sua família adotiva deveria guardar segredo para que ela não sofresse com a reação das pessoas à adoção. As famílias se esforçavam para esconder o fato, com o objetivo de efetuar uma substituição completa da família natural pela adotiva em todos os aspectos, exceto no biológico. Imperava a visão de que a parentalidade adotiva deveria se aproximar o máximo da parentalidade biológica.

O cenário das adoções vem se transformando gradativamente, tanto no Brasil quanto no exterior. Essa mudança se deve a muitos fatores, entre eles o fato de casais com e sem filhos, e também indivíduos solteiros, desejarem constituir uma família por meio da adoção. A idade dos aspirantes também mudou nos últimos anos, pois homens ou mulheres de meia idade se candidatam à adoção, e não somente os jovens.

Em grupos de pais aspirantes à adoção, é percebida a preferência pela adoção de bebês com menos de um ano de idade, na crença de que eles poderiam ser colocados "na forma" da família adotiva e, principalmente, pela necessidade que os pais têm de que a criança apague da memória qualquer vestígio do que aconteceu antes da adoção.

Outra questão levantada pelos pais nos grupos é o desejo de que as informações que, por ventura, venham a receber da origem da criança sejam breves e superficiais, pois acreditam que quanto menos souberem, menos a história terá interferência na vida da criança e da família. Muitos pais se mostram desencorajados e preferem adiar a revelação sobre a adoção da criança para quando ela "tiver idade para entender". Mas, hoje em dia, é bem divulgado, além de aceito entre os profissionais da área e a população em geral, que não se deve omitir da criança o fato de que ela é adotada.

Entretanto, as informações quanto à origem da criança estão relacionadas a uma série de crenças e segredos. Geralmente, os pais preferem não comentar com o filho adotivo o que sabem sobre sua família biológica. Por outro lado, a criança pode ter sido adotada sem dados registrados sobre sua origem. Tais dados podem até não existir, mas isso não necessariamente é garantia de uma adoção desprovida do mesmo sistema de crenças e mitos sobre as origens, tão comum nesses casos.

O que se observa no contato com os pais adotivos é que muitos preferem não conhecer a origem de seus filhos, com medo de entrarem em contato com algo temido. Nestes casos, as crenças sobre as influências da hereditariedade na vida da pessoa adotada ficam claras. Esse histórico pré-adotivo faz parte daquilo que eles preferem negar ou esquecer. Os pais imaginam que a criança abandonada, ou entregue para adoção, seja fruto de hereditariedade suspeita, resultado de prostituição materna, dependência química, criminalidade ou problemas de conduta por parte dos pais biológicos, fatores que podem gerar identificações insuportáveis. Por outro lado, acredita-se que adotar uma criança maior, supostamente marcada por privações, pela institucionalização ou por fortes lembranças dos pais biológicos possa ser uma ameaça a paz da família adotiva.

Observa-se que grande número de pais adotivos opta pela omissão de informações sobre a origem do filho. Entretanto, a questão, muitas vezes, torna-se presente por uma série de razões. Esses pais podem ser surpreendidos, por exemplo, com reportagens na mídia sobre a questão da origem. Além disso, a própria criança pode se mostrar curiosa sobre o porquê de ter sido abandonada por seus pais biológicos. Todos esses aspectos terminam por "justificar" a necessidade do segredo quanto à origem na adoção.

Evitar o conhecimento sobre a origem da criança e manter essa cultura do segredo não impedem que a questão surja na própria criança, em seus pais, na sua família nuclear e extensa e que se estenda a outras pessoas com as quais ela interaja, como amigos e colegas de escola. Muitas perguntas podem surgir tanto por parte dos adotantes quanto por parte dos adotados, tais como: "*E se a mãe biológica desistir da adoção?*"; "*O que será que ela sente?*" "*E se o pai reclamar seus direitos?*" "*E se eles quiseram ver novamente a criança?*" "*E se a criança quiser conhecer a mãe, pai e irmãos?*" "*O que será que ela sente sobre o afastamento da mãe biológica?*" "*O que ela herdou geneticamente de seus pais?*"

Nos últimos anos, no exterior, foram criadas agências especialmente dedicadas ao trabalho de restabelecer o contato de uma pessoa adotada com sua família biológica. Na internet, encontramos *sites* específicos em identificar linhas de parentesco. Nos Estados Unidos, principalmente, existem movimentos de luta pelas adoções abertas, ou seja, pelas adoções em que os laços biológicos não são cortados e as famílias adotivas e de origem mantêm contato. No Brasil, começam a surgir questões sobre a busca das origens. A adoção tem estado na mídia, por meio de notícias sobre pessoas que procuram conhecer suas histórias e partem em busca de seus laços biológicos.

Os pais adotivos e seus filhos estão sendo, cada vez mais, confrontados com a questão das origens. O tema vem sendo discutido nas reuniões de pais adotivos e aspirantes à adoção, bem como nos tratamentos individuais e familiares. As questões impostas são sempre as mesmas: "Por que a hereditariedade e os laços de sangue afetam tanto as pessoas?"; "Por que há tanto receio do acesso a informações sobre as origens da criança?"

Essa dificuldade constatada torna-se ponto relevante, pois permeia o tema dos mitos e segredos sobre a origem da criança. Meu interesse concentra-se nas histórias de adoção, deparando-me com os vazios de informação sobre a vida pré-adotiva e, principalmente, sobre a origem do filho adotivo, fato que os pais não sabem como abordar ou pensam que deve ser omitido para dar segurança e proteção, tanto ao filho quanto a eles próprios.

Para estudar o tema, no Capítulo Um apresento o tema das motivações e expectativas para a adoção; no Capítulo Dois, os mitos e segredos sobre a biografia da criança; no Capítulo Três, a revelação das origens da criança; no Capítulo Quatro, o recurso do genograma na família adotiva e no Capítulo Cinco, os quatro casos clínicos, cujos mitos e segredos influenciam a vida de crianças, adolescentes, adultos e suas famílias.

1

MOTIVAÇÕES E EXPECTATIVAS PARA A ADOÇÃO

PARA ABORDAR O TEMA DA ADOÇÃO, SUA MOTIVAÇÃO E EXPECTAtiva, faço algumas considerações sobre a infertilidade, o abandono de crianças e a opção pela adoção como escolha pessoal.

As pessoas que desejam filhos e não os têm pelas vias biológicas encontram nessa impossibilidade a motivação para a adoção. A partir desse fato, faço algumas considerações sobre fertilidade e infertilidade.

A gravidez é a ponte entre as gerações, rica em simbolismos e central na experiência humana. A fertilidade é reverenciada em todas as culturas. Os filhos são a fonte de orgulho para seus pais. Os netos oferecem à família extensa oportunidade para um equilíbrio e uma renovação, como se somente a hereditariedade marcasse os laços de parentesco, e como se não existissem outras maneiras de as famílias se constituírem.

Por outro lado, a infertilidade afeta a evolução do ciclo da vida e, face a ela, os casais e suas famílias sentem-se impotentes e frustrados. A infertilidade é diagnosticada a partir da incapacidade para a gravidez ou parto de um bebê vivo, após um ano de relações sexuais regulares. A busca pela fertilidade reflete, entre outros fatores, o desejo dos pais de encontrar nos filhos seus traços físicos e de personalidade. O insucesso e o diagnóstico da infertilidade afetam o homem e a mulher que necessitam, muitas vezes, de ajuda terapêutica, para elaborar o luto pela gestação natural e para que possam buscar novos recursos (Harkness, 1992).

Os tratamentos de infertilidade buscam atender o desejo de homens e mulheres na gestação e no nascimento de seus filhos. De acordo com Scharf & Weinshel (2002), as mulheres inférteis apresentam os mesmos níveis de depressão que aquelas que têm câncer, doenças cardíacas ou a infeção pelo HIV. Independentemente de ser o homem ou a mulher infértil, as mulheres sofrem mais com o problema – 50% das mulheres contra 15% dos homens dizem ser a experiência que mais abalou suas vidas. Além disso, as mulheres frequentemente protegem os homens assumindo a identidade da infertilidade.

A fertilização *in vitro* é uma técnica de reprodução assistida em que óvulos são retirados na ovulação e misturados com espermatozoides. Ocorrendo a fecundação, os embriões ou são inseridos no útero, ou são congelados para serem utilizados no futuro. Esse procedimento pode ocorrer por meio de óvulos e espermatozoides tanto dos pais biológicos quanto de doadores anônimos ou conhecidos. Embora esse recurso seja uma técnica reprodutiva comum, novas aplicações desse procedimento vêm surgindo, levantando questões éticas que merecem ser estudadas e analisadas.

As clínicas de inseminação *in vitro* recomendam que sejam realizados três ou quatro ciclos na tentativa de engravidar. As taxas de sucesso caem à medida que a idade das mulheres aumenta. A tecnologia da doação de espermatozoides é usada há mais de cem anos, porém a doação de óvulos se desenvolveu a partir da década de 1980. Pelo motivo das doadoras mulheres terem óvulos sadios, a taxa de sucesso com receptoras entre 20 e 50 anos é de 30%. Esse recurso dá a mulher a possibilidade de passar pela experiência da gravidez e ao homem a chance de ter os filhos que deseja. Entretanto, o casal deve avaliar o fato de ter um filho que é biologicamente relacionado apenas a um dos parceiros, e também, a possibilidade de serem usados gametas de um doador conhecido do casal ou de um doador anônimo e, neste último caso, quem escolherá o doador – o casal ou a clínica? (Scharf & Weinshel, 2002).

Ressalto aqui a analogia entre doação de óvulos ou espermatozoides com a *adoção tradicional*, pois um membro do casal deverá "adotar" o filho com o qual não tem o vínculo genético. O casal terá que entrar em acordo quanto a revelação ao filho da gestação a partir da doação dos gametas. Já existem muitas pesquisas sobre o tema da adoção, porém a *adoção* de gametas possui pouca produção literária para guiar os casais sobre como abordar a questão na família (Melina, 1989).

No caso de insucesso com esse procedimento, homens e mulheres se veem diante da possibilidade de buscar outros recursos para se constituírem como uma família com filhos. Assim, surge a possibilidade da *adoção* de um filho. De acordo com Dell'Antonio (2002), o casal encontra-se diante de negar, evitar ou aceitar e elaborar essa situação. Adotar uma criança pode representar a solução da infertilidade, mas sua elaboração é considerada uma passagem indispensável para a opção bem sucedida da adoção.

> A esterilidade biológica pode representar a "morte do desejo" e pode empurrar o casal para o caminho da "necessidade" de um filho. (Dell'Antonio, 2002 , p. 236)

Com relação à revelação da origem, ao se tratar de reprodução assistida, devemos considerar as pesquisas de Scharf & Weinschel (2002) – *do Ackerman Institute´s Infertility Project* –, autores que trazem o tema chamando a atenção sobre a necessidade de explorar, junto ao casal, todas as consequências do uso de gametas de doador na fertilização *in vitro*: como cada membro do casal se sentirá com o filho geneticamente vinculado a apenas um deles; como um se sentirá em relação ao outro, tendo em vista que apenas um será o genitor biológico; quais serão os sentimentos da família de origem de cada um em relação a um filho não genético de um dos membros; se os dois parceiros são capazes de discutir o assunto e se estão de acordo sobre quando e como contar a verdade para a criança.

Sobre a revelação do uso de gametas de doação, o terapeuta deve ajudar os membros do casal a preverem e a se prepararem para as questões emocionais que podem surgir na família. Infelizmente, não há pesquisas sobre crianças que saibam de seu nascimento por meio de uma reprodução assistida. Como houve gravidez, de certa maneira, é fácil manter o segredo. Uma criança aceitará facilmente sua origem se souber desde o início e, principalmente, se os pais estiverem bem resolvidos sobre a questão.

Nos Estados Unidos, há agências de doação de espermatozoides e de óvulos que possuem catálogos com as informações sobre o doador, suas características pessoais e motivações para a doação. Outra razão para falar abertamente sobre a origem, neste caso, é a explosão de pesquisas genéticas, as quais revelam as descobertas de doenças e a importância de conhecer a própria origem biológica.

É importante que o terapeuta de família esteja consciente de suas concepções e ressonâncias frente ao tema, o que inclui a maneira como ele vê a necessidade de o casal ter filhos sobre o uso de técnicas intervencionistas de reprodução e o uso de gametas de doação por doador conhecido ou anônimo. O trabalho terapêutico da revelação possibilita que os dilemas de cunho ético, moral e emocional nos relacionamentos entre os parceiros e entre os pais e o filho sejam abordados e elaborados.

A tentativa de olhar para o futuro ajuda a tornar os segredos menos obscuros e facilita a tarefa de os parceiros poderem falar sobre eles e entre si mesmos. O processo de doação de óvulo é definido como "contar o incontável".

> A mãe e o pai não tinham condições de fazer um bebê crescer dentro da barriga porque a mãe não tinha óvulos suficientes. Uma moça muito querida nos deu alguns dos seus e assim pudemos fazer um bebê. (Scharf & Weinschel, 2002, p. 138-139)

Saliento que a vida familiar sem segredos, aberta a questões sobre a adoção e sobre as origens, é a base para o relacionamento entre pais e filhos. É importante que a questão da adoção – da criança ou dos gametas doados pela reprodução assistida – não seja encarada como um problema, como uma situação que certamente afeta a criança na sua patologia. O tema *da adoção e das origens da criança* torna-se um problema sim, quando guardado como segredo, como um tabu, um assunto proibido e repleto de crenças e mitos.

Os pais aspirantes à adoção podem contar com a ajuda de profissionais da área para um trabalho de tirar as dúvidas, saber sobre os preconceitos e as motivações para a adoção. Muitas questões podem fazer parte de uma série de mitos sobre a criança adotada, as quais podem ter como pano de fundo o medo de que ela traga no seu sangue as marcas de sua família biológica. O trabalho dos grupos de apoio à adoção tem um papel fundamental na sociedade: o de fomentar a adoção de tantas crianças institucionalizadas, correndo o risco de não terem acesso ao seu direito de convivência familiar.

Um número cada vez maior de pessoas deseja constituir ou completar a família, independentemente de terem seus filhos biológicos, e opta pela adoção. Por outro lado, existem milhares de crianças e adolescentes que desejam pais e não os têm, crianças e adolescentes institucionalizados sem terem o direito a uma família. Entretanto, nem todos estão disponíveis para adoção, pois, apesar de estarem nos abrigos, têm vínculos familiares, sendo filhos órfãos de pais vivos.

É importante rever a questão do abandono e da adoção. O abandono de crianças sempre existiu. Na Antiguidade acontecia com muita frequência. Em Esparta, os bebês eram apresentados ao Conselho dos Anciãos para serem avaliados e considerados adequados para a sociedade. Em Atenas e em Roma, era o pai quem decidia se o filho seria aceito ou rejeitado. A partir da religião cristã, o abandono, o aborto e o infanticídio tornaram-se crimes. Mas o abandono não deixou de acontecer: os bebês eram deixados na porta das igrejas ou das casas, assim proporcionando o surgimento das instituições destinadas ao acolhimento de crianças.

De acordo com Weber (2001), a adoção foi criada pelos romanos a fim de que as famílias pudessem escolher um sucessor para o trono, o qual poderia ser uma pessoa adulta; para que uma pessoa pudesse ser colocada em posição de *status* elevado; e para que as famílias pudessem encontrar descendentes para pessoas que não poderiam tê-los pelas vias naturais. As crianças abandonadas eram protegidas, e os abrigos e orfanatos serviam para separá-las do convívio social. Na Idade Moderna, a adoção passou a ser mencionada no código promulgado por Christian V. A adoção, nos moldes legais, foi uma exceção e servia aos interesses dos adultos. O código civil francês de Napoleão influenciou o resto do mundo. Durante a Revolução Francesa, a adoção se dava apenas com maiores de 23 anos. Pessoas com idade inferior a essa poderiam somente ser adotadas por testamento e se o adotante as tivesse criado seis anos antes de sua morte. Outra situação que ocorria era a "remuneratória", ou seja, uma pessoa poderia adotar alguém que tivesse salvado a vida do adotante.

Segundo o historiador Ariès (1978), na Idade Média havia registros sobre adoções reprimidas pela Igreja, pois existia o receio de que as pessoas dispensassem o casamento para terem seus filhos. As famílias não tinham afeição por seus filhos e eles eram criados em outras casas para que fossem educados. Nessa época, era comum as crianças não retornarem à casa de seus pais biológicos e que desempenhassem serviços domésticos. O próprio conceito de infância acompanhou a evolução do conceito de família que, definido nos moldes parecidos com a atual cultura, desenvolveu-se no século XVII, quando então a família aproximou-se de seus filhos.

Nos séculos XVIII e XIX, na Inglaterra, órfãos eram abandonados ou cedidos pelos pais biológicos a outras famílias. Perto de 1500 crianças órfãs foram transferidas da Inglaterra para as colônias nos Estados Unidos a fim de serem aprendizes nas casas de colonos. No século XIX, o nascimento de um filho ilegítimo era reprovado, provocando abortos, infanticídios, nascimentos clandestinos e o possível abandono da criança. As Rodas dos Enjeitados preservavam a honra das famílias e, gradativamente, foram sendo fechadas, por serem consideradas responsáveis pela elevação do número de crianças abandonadas.

Sobre o abandono da criança que vive em abrigo, primeiramente, a reintegração à família de origem deve ser privilegiada. E, quando a reintegração não é possível, ela deve ser colocada em uma família substituta. O foco deste trabalho concentra-se, portanto, nas crianças que têm a oportunidade de ser adotadas.

Segundo Weber (2001), a adoção propriamente dita começou a ser vista como uma questão social, voltada para os interesses das crianças, a partir da Primeira Grande Guerra Mundial, por conta do abandono e da orfandade. No ano de 1923, foi redigida a Declaração dos Direitos da Criança e, naquela época, não era concedido ao adotado o direito de filho legítimo, porém a adoção era mais similar ao relacionamento entre pais e filhos biológicos. No início da Segunda Grande Guerra Mundial, a legislação francesa introduziu a Legitimação Adotiva, a qual favorecia crianças menores de cinco anos, órfãos ou filhos de pais desconhecidos. Essas crianças deixavam de pertencer à família de origem, passavam a ser consideradas filhos legítimos e a terem o mesmo sobrenome dos pais adotivos.

No Brasil, no período Colonial e Imperial, as crianças ilegítimas e rejeitadas eram abandonadas na Roda dos Expostos ou Roda dos Enjeitados. Esta roda consistia de uma porta giratória, com uma gaveta, onde as crianças enjeitadas eram depositadas em sigilo, permanecendo as mães no anonimato. No

Rio de Janeiro, na Fundação Romão Duarte, a "Roda" acolhia bebês abandonados por suas mães. Essas rodas foram criadas para evitar a prática do abandono, como forma de proteção de mulheres desonradas pela gravidez indesejada, por pobreza, para evitar a prática do aborto e do infanticídio. Os senhores de fazenda mandavam as escravas depositarem seus filhos lá e depois recebiam o pagamento para cuidar deles, mantendo-os como escravos, embora fossem livres. O sistema da Roda foi extinto em 1950, e a partir daí (sic) começaram a surgir orfanatos, patronatos e seminários onde as crianças viviam coletivamente (Ferreira & Carvalho, 2000).

No ano de 1959, nos Estados Unidos, a ONU aprovou a Declaração Universal dos Direitos da Criança. Em 1966, a lei francesa deu origem à reforma no direito da família. Na década de 70, nos Estados Unidos, houve uma mudança fundamental a partir da proibição da adoção ao existir laços biológicos. Os novos objetivos passaram a favorecer as crianças desprotegidas na busca por famílias substitutas.

Inicialmente, o Código Civil Brasileiro se assemelhava à rigidez do Código Napoleônico. Em 1927, foi criado o primeiro Código de Menores Brasileiro, o qual fazia referência ao abandono e à suspensão do pátrio poder. Esse código passou por várias reformas até que, em 1990, foi criado o Estatuto da Criança e do Adolescente, considerado umas das leis mais avançadas do mundo e que tem sido base para reformulações em outros países (Weber, 2001).

Algumas famílias buscam a adoção usando seus próprios meios, através da "adoção à brasileira", a qual envolve três crimes: parto suposto, entrega do filho menor à pessoa inidônea e falsidade ideológica. Porém, é cada vez maior o número daqueles que buscam ajuda dos fóruns competentes para se tornarem pais por meio da adoção, esta irrevogável. A adoção internacional continua sendo praticada, embora a preferência seja para que as crianças continuem nos países onde nasceram. As adoções tardias, inter-raciais, de grupo de irmãos e de crianças com necessidades especiais estão sendo incentivadas pelo trabalho dos Grupos de Apoio à Adoção. E também, pode-se constatar que mães biológicas, antes participantes invisíveis na adoção, estão podendo, aos poucos, e sob anonimato, contar suas histórias (Ferreira & Carvalho, 2000).

O sonho de ter um bebê é o que justifica a dificuldade de muitos pais, nas entrevistas nos juizados, aceitarem crianças com mais de dois anos. Eles sonham com seu bebê apresentando suas características físicas e de temperamento. Eles acreditam que a criança maior mantém na memória o período de abrigamento, o que poderia interferir na vida com a família adotiva. O medo dos pais adotivos é que os filhos demonstrem sinais de sua família de origem e seus traços hereditários. Quando surge algum comportamento que não conseguem identificar, já imaginam que podem estar de frente com a "força do sangue". Apesar da preferência por adoções de bebês, o trabalho dos Grupos de Apoio à Adoção tem promovido a colocação de crianças mais velhas, grupo de irmãos e crianças com necessidades especiais em famílias substitutas.

As pesquisas recentes de Weber (2001) mostram algumas questões trazidas por pais adotivos: o grande medo de que os pais biológicos possam desejar a criança de volta; o desconhecimento da saúde física e mental dos pais da criança; a crença de que a hereditariedade possa ter peso maior que a educação dada por eles, entre outras.

O trabalho dos Grupos de Apoio à Adoção, os relatos de casos clínicos, o trabalho de profissionais ligados à adoção e os depoimentos de famílias adotivas demonstram que, na adoção de bebês, tanto os pais quanto as crianças "se adotam" logo nas primeiras horas de convivência. Na adoção tardia, o vínculo se constrói na convivência familiar. Na concepção biológica, os pais também idealizam a criança que irá atender às suas expectativas. Na concepção adotiva, os aspirantes à adoção, enquanto esperam sua criança, também fazem fantasias e expectativas sobre o filho que desejam. Os vínculos entre os pais e a criança são construídos tanto na maternidade biológica quanto na adotiva. Portanto, eles são frutos da convivência familiar e não somente da gestação e do nascimento.

Levy (2001) relata que, em entrevistas com pais adotivos, alguns pontos importantes foram levantados, entre eles, o encontro com a criança, as reações e modificações diante da criança real, o acolhimento, a adaptação e o vínculo da criança com sua família adotiva. Os pais relatam que observam na criança o seu olhar triste, contudo, após um breve período de convívio, e transcorrida a regressão natural desse período, eles verificam a mudança na expressão da criança. Quando os pais têm preferências sobre o perfil da criança a ser adotada, essas expectativas se alteram na presença da criança disponível. O processo de adoção, tanto na instituição quanto no Juizado, é vivido como um parto, como um nascimento simbólico.

No caso de crianças que passam por perda e privação, elas se recuperam rapidamente na convivência com a família adotiva. Esse processo de adaptação inclui também os pais adotivos nessa nova realidade da família. Para os casais que ainda estão com a guarda da criança, os momentos anteriores à sentença de adoção são vividos como uma ameaça de perda do filho. O trabalho dessa autora confirma que:

> Uma colocação familiar implica na criação de um vínculo entre a criança e a família adotiva e em um segundo nascimento ou um nascimento psicológico. (...) as construções do imaginário desses pais adotivos auxiliam a reconhecer a criança que pretendem adotar como filho e a se posicionarem como pais. (Levy, 2001, p. 21)

Pensando no significado da palavra "adotado", como uma categoria específica das crianças que se diferenciam das outras crianças não adotadas, Colajanni e Castelfranchi (1992) chamam a atenção para o fato de que, tanto os adotados quanto os adotantes criam vínculos afetivos, os quais não existem na biologia.

> O que as pessoas às vezes não compreendem é que o vínculo que existe entre os pais e seu bebê é como se fosse uma "cola emocional" que transcende o relacionamento consanguíneo. O sentimento pela criança, seja ela biológica ou adotiva, é igualmente intenso. Pode ser difícil identificar esse fato, até que uma pessoa passe por essa experiência. (Salzer, 1991, p. 312).

Segundo Andrei (2001), na antropologia, o estudo do parentesco se baseia na organização da família, da filiação, das gerações, dos nomes e relações pelos quais os indivíduos organizam seu parentesco. É o parentesco que nos fornece informações sobre as redes de aliança e a noção de pessoa. As pesquisas nos indicam que na antropologia não existe diferença de valor entre "adoção" e "gestação", pois ambas se constituem em formas possíveis de filiação, sendo encontradas em várias culturas.

A partir de crenças populares, a adoção vem sendo considerada um desvio da norma universal que seria a filiação genética e consanguínea. Um dos grandes mitos é a adoção ser considerada uma forma de filiação diferenciada excepcional, sendo que nem mesmo o estabelecimento da paternidade ou maternidade biológica é consensual, dependendo do contexto das sociedades. A família nuclear é um tipo de família recente até algumas gerações atrás. A família extensa que abrigava, sob o mesmo teto, várias gerações e afins, agregados consanguíneos ou não, era a regra e, neste tipo de família, a adoção, o apadrinhamento e a gestação conviviam como formas "normais" e esperadas de *(a)filiação*.

As configurações familiares e os vínculos de filiação, na verdade, são variados e possíveis, assim como são variadas as culturas humanas. Na história do mundo ocidental, a adoção tem sido a norma em várias épocas e civilizações. No Egito Antigo, a escolha do Faraó era feita pela seleção do melhor aluno das Escolas da Vida, o qual era então adotado pela Casa Real para se tornar co-reinante e, mais tarde, sagrado como Faraó. Na Grécia Antiga e na Macedônia, a adoção dos filhos dos nobres pela casa reinante era vista como uma honra. Em Roma, a família se fundava como construção social, e a adoção, incluindo a de adultos, era uma das maneiras para atingir alianças e criar linhas hereditárias que atendessem às necessidades da família.

No estudo da história do Brasil, encontramos a adoção fazendo parte das relações familiares. É possível verificar, por exemplo, que a família da sociedade açucareira agregava filhos legítimos, ilegítimos, escravos, afilhados e filhos "de criação". Por outro lado, a família de índios se organizava a partir de formas de parentesco peculiares, em que vários jovens são irmãos sem vínculo genético. A partir da literatura, é possível verificar que, antigamente, as famílias incluíam a adoção na sua constituição com muita frequência e para diversos fins.

Os preconceitos estão arraigados na cultura, nos mitos e no inconsciente popular como "sangue ruim", como se a criança herdasse "no sangue" vícios de comportamento ou de caráter de seus pais biológicos. A lenda dos celtas sobre a "criança das fadas", a qual conta que quando nasce uma linda criança, as fadas a raptam e deixam em seu lugar uma criança-fada, que ao crescer se torna cruel, incapaz de amar ou de retribuir amor, podendo retornar ao seu mundo encantado, provocando sofrimento. Essa lenda traz como decorrência a ideia de que a criança adotada pode ser uma criança-fada, a qual crescerá sem o direito de ser uma criança como as outras. Além desses mitos, devemos acrescentar o preconceito racial, cujas raízes estão no imaginário da escravidão, a qual retirou dos negros o direito à humanidade; e a adoção tardia, que traz a crença de que é impossível o resgate amoroso de uma criança que viveu por alguns anos em uma instituição (Andrei, 2001).

Segundo Weber (2001), na Grécia antiga quando o pai e/ou mãe queriam livrar-se de um filho recém-nascido, colocavam-no em um lugar selvagem. Os escritos mitológicos nos mostram histórias daqueles que haviam conseguido escapar da morte destinada por seus pais.

> Esses mitos parecem significar que sobreviver a tal tragédia e ainda ser amado por outro ser faz com que uma pessoa torne-se psicologicamente (ou até fisicamente) muito forte e com uma grande consciência para ter controle sobre o seu destino. (Weber, 2001, p. 20).

Na literatura e nos filmes infantis podemos ver vários temas sobre os mitos na adoção representados nos livros Mogli, Tarzan, Pinóquio, Os Flinkstones, O Super-Homem e o Rei Leão. De acordo com a pesquisa realizada por Schreiner (1998), existem 38 títulos de filmes com histórias sobre adoção e as origens.

Segundo a pesquisa de Weber (2001), o conceito da adoção varia de acordo com as religiões. A religião católica fundou vários orfanatos, porém, durante séculos, reprimiu a adoção para evitar que pessoas legitimassem filhos ilegítimos e deixassem a Igreja sem os bens das pessoas que não tinham descendentes. No século XIX, a maternidade e a filiação consanguínea eram privilegiadas, mas a adoção somente passou a ser tratada de forma mais aberta. A partir do século XX, a adoção inicialmente era registrada nos livros de batismos para evitar matrimônios consanguíneos. Algumas comunidades católicas organizavam cerimônias espirituais para que os pais adotivos recebessem simbolicamente o filho adotado no seio da igreja.

Na religião judaica, eventualmente pode ocorrer uma dificuldade na aceitação de uma criança não judaica na família, e ela só pode receber herança se os pais adotivos fizerem doação. Acompanhei o caso de uma família adotiva, cujo filho não foi autorizado pela escola de tradição ortodoxa a participar do Barmitzvah. Esse menino foi discriminado perante seus colegas e considerado não digno do ritual judaico, por não ser filho de ventre judeu. Ele saiu da escola em questão e ingressou em outra menos rígida, a qual permitiu que ele seguisse as tradições religiosas de sua família.

A partir de uma amostra de 137 casos atendidos especificamente em consultório, onde desenvolvo trabalho de Psicoterapia individual e familiar, verifico que, em 46% dos casos, as motivações para a adoção não são por infertilidade. Trata-se de famílias que optam pela adoção, independentemente de terem ou não filhos biológicos. As razões para a adoção são diversas, como homens ou mulheres solteiros que se caracterizam como famílias monoparentais; indivíduos com relacionamentos homossexuais; casais com filhos biológicos e que desejam mais um filho; casais que optam por filhos adotivos por conta de um casamento tardio; ou ainda, famílias que não buscam um filho, mas se deparam com alguma situação particular, em que a adoção se impõe e se torna uma questão bem sucedida.

Por outro lado, 54% dos casos de adoção atendidos no consultório sofrem de infertilidade, procuram a reprodução assistida e não atingem os resultados esperados. Esses casais não abdicam do desejo de ter filhos e optam pela adoção. Uma parte destes casais busca a adoção legal, por meio dos Juizados de Infância e Juventude, a única maneira de adotar legalmente uma criança ou adolescente até 18 anos. Outra parte deles busca a adoção "à brasileira", ou seja, registrando a criança no nome dos pais adotivos ou criando-a sem alterar o registro de nascimento original.

De acordo com Weber (2001), as motivações para a adoção de uma amostra de 240 pais adotivos revelam que 63% adotam crianças para resolver uma necessidade em sua vida, como a infertilidade, o estado civil de solteiro, ou a morte de um filho; e 34% desses pais alegam motivações altruístas, como ajudar uma criança abandonada.

Segundo Villa (2001), com relação às motivações dos pais na intenção de adotar um filho, dever-se-ia perguntar se *desejam* uma criança ou têm *necessidade* de uma criança. Os conceitos de *necessidade* e *desejo* são, muitas vezes, confundidos como sinônimos. A *necessidade* nasce de uma carência e da busca por uma satisfação completa, e não conhece a lei nem a moral. O *desejo* é uma livre-escolha e representa a construção de um novo relacionamento. Se a mãe *deseja* o filho, acolhe suas angústias, mas se tem *necessidade* do filho, ela procura nele, inconscientemente, a satisfação de suas próprias necessidades. Na opinião do autor, um casal que espera muito tempo pelo seu filho e passa por tratamentos de reprodução assistida, é levado à adoção pela frustração de um filho biológico, muito mais do que pelo desejo, este escondido e apagado. Nesses casos, o objetivo do terapeuta é a "fertilização mental", ou seja, a transformação de uma *necessidade* pelo *desejo* de um filho.

A autora Dell'Antonio (2002) também concorda com a importância de um filho ser visto como "filho do desejo", como um ser autônomo, e não como um "filho da necessidade". Em sua opinião, a criança não pode nascer com um destino predestinado como para sanar os conflitos não resolvidos, reorganizar alianças ou reconstruir equilíbrios perdidos dos seus pais.

Segundo Toscano (1998), pode surgir uma situação sintomática na família quando um filho, biológico ou adotivo, representa a possibilidade da realização de todos os sonhos não realizados por seus pais. Se esse filho é o depositário de todo o vazio existencial de seus pais, a relação é mantida por meio de expectativas e cobranças, esse fato podendo trazer dificuldades ao sistema familiar.

Para encerrar esse capítulo, não poderia deixar de mencionar a grande cena temida de todos os que trabalham e promovem a adoção: a devolução da criança. Nos casos em que atendi em consultório, até a presente data, acompanhei apenas um caso de devolução, caso esse relatado no capítulo V. Reforço as palavras de Filorano (2001):

> Um único caso que acaba mal, não obstante todo o empenho dedicado à situação específica, provoca mais sofrimento do que toda a satisfação dos tantos casos que alcançam o êxito desejado (Filoramo, 2001, p. 211).

É importante o desenvolvimento de estudos que ajudem os profissionais a conseguirem identificar já nas entrevistas preliminares os fatores de risco que levam à ruptura dos laços adotivos. Os próprios aspirantes à adoção devem refletir sobre suas motivações, procurando conciliar as características das crianças que se encontram disponíveis com as suas expectativas sobre o perfil da criança pretendida.

De acordo com Renzi (2001), os filhos biológicos podem ser abandonados e rejeitados, mas não devolvidos. Por outro lado, os filhos que ainda não foram adotados de fato podem ser devolvidos aos Juizados. Os pais atribuem determinados problemas de comportamento às características biológicas que a criança traz ao nascer. Os pais adotivos, muitas vezes, se decepcionam com os filhos com relação às expectativas, e isso os leva a ressaltar os sinais das diferenças entre o filho desejado e o filho real. É importante que os pais busquem ajuda para conseguirem entender a situação, para evitarem o corte dos vínculos e a devolução do filho adotado à Justiça.

> Os pais não estariam devolvendo um filho considerado objeto, mas sim um filho de outros, que não lhes pertenceria e que nunca seriam capazes de sentir como filho, apesar de todos os esforços que eles acreditaram ter tido nesse sentido. (Renzi, 2001, p. 206-207)

Culloch (1995) comenta o caso de uma menina adotada com poucos dias e que, com a separação do casal, passou a viver primeiramente com a mãe, depois com o pai, depois com a avó, retornou a morar com a mãe, que a enviou para um colégio interno.

> Não se pode imaginar que crianças sejam objetos onde se imprimam experiências novas e as antigas são esquecidas, apagadas simplesmente, elas trazem consigo impressas em suas almas todas as experiências anteriores vividas. O comportamento do presente, de medo, de insegurança ou agressividade, é consequências de tudo que viveu anteriormente. (Culloch, 1995, p. 31)

Geralmente, a devolução ocorre nas adoções tardias, muito mais pelas dificuldades dos pais com relação à vida pré-adotiva das crianças. É importante o trabalho junto da família adotiva para identificar essas questões, evitando e tratando as dificuldades e os obstáculos para a adoção. Em geral, tais problemas ocorrem na adoção tardia, pois as crianças trazem suas histórias de vida difíceis de serem esquecidas. Nesses casos, a passagem do abrigo para a casa da família deve ser acompanhada mais de perto pelos profissionais do Juizado.

As reuniões de Pais Adotivos e Aspirantes à Adoção têm um papel extremamente importante, pois levantam tanto os momentos de alegria, como as possíveis dificuldades de adaptação, principalmente com relação aos mitos e às crenças na adoção.

As entrevistas realizadas pelos técnicos dos Juizados com os aspirantes à adoção são de extrema valia para os futuros pais adotivos e, principalmente, para a criança que está sendo adotada. A adoção bem sucedida é foco de atenção e todo o processo visa evitar a devolução da criança, fato que, infelizmente, eventualmente acontece.

De acordo com Brodzinsky, Schechter, e Henig (1993), no futuro, quando as adoções se tornarem cada vez mais diversas, as diferenças individuais entre as diferentes famílias adotivas serão muito maiores do que são hoje. Deve-se esperar que sejam criados mecanismos para acomodar estas diferenças.

A sociedade precisa se conscientizar quanto às várias maneiras para preservar a convivência familiar, esta que é um direito da criança, seja ela bebê ou com maior idade. O tema da nova cultura da adoção é trabalhado pelos Grupos de Apoio à Adoção, no sentido de considerar, principalmente, aquelas crianças que são quase sempre "inadotáveis" por não serem pequenas, brancas, não terem a saúde perfeita, ou ainda, por terem um ou mais irmãos.

Tratar com seriedade esse tema das motivações e expectativas para a adoção é tarefa para todos aqueles que vivem, ou não, a experiência adotiva.

2

OS MITOS E SEGREDOS SOBRE A BIOGRAFIA DA CRIANÇA

NO TRABALHO COM CRIANÇAS, ADOLESCENTES E ADULTOS QUE foram adotados, constato que eles têm dificuldade em abordar o tema das suas origens junto a suas famílias adotivas. Na maioria dos casos, eles não abordam o tema com seus pais.

No caso dos pais adotivos, muitos não se opõem à discussão do tema abertamente, porém confessam que a evitam, angustiam-se com os momentos em que o assunto surge na família, não estimulam o diálogo e se esquivam de perguntas, independentemente se sabem muito ou pouco sobre as origens.

Os mitos sobre a adoção surgem tanto nos pais quanto nos próprios filhos. O mito familiar é um conceito que pode ser definido como uma situação falsa, a qual dá significados às histórias, que mais revelam do que escondem verdades. Ele situa-se em uma área em que a realidade se mistura à fantasia, para criar novas situações em que elementos novos são conectados entre si (Andolfi, 1989). O mito é transmitido por meio das gerações, assim como lendas e sonhos, servindo de eco às fantasias. Uma das funções da família é favorecer a transformação de um mito em uma fantasia adequada ao indivíduo. Encontramos em todas as famílias algum mito, o qual traduz conhecimentos que são compartilhados por todos os membros.

Nas famílias adotivas, os mitos e segredos sobre as origens fazem parte da sua história, provocando um espaço vazio na comunicação entre os adotados e os adotantes. De acordo com alguns pais, as crenças sobre a história biológica justificariam a necessidade de guardar as origens da criança debaixo de um manto de segredos. Como se os segredos sobre as origens garantissem o bem-estar do filho e da própria família adotiva.

A história da criança antes da adoção, por ser desconhecida, na maioria dos casos, favorece o surgimento de mitos, os quais são difundidos pela cultura popular. O grande medo das famílias adotivas ao trazer à tona os momentos pré-adotivos é o contato da criança com sua origem, tanto com relação ao acesso às informações sobre os dados da história quanto, e principalmente, ao desejo por conhecer a família biológica. O acesso às origens é importante para que a criança possa fantasiar, questionar, perguntar e encontrar respostas junto à sua família adotiva, sem segredos nos canais da comunicação. Entretanto, essa é uma questão que merece um esclarecimento. Incluir o sistema biológico no mapa familiar, falar sobre os mitos, preconceitos e questões encobertas sobre a origem, não significa colocar a criança frente a frente com sua família de origem. O encontro entre o adotado e sua origem não é um fato que acontece com frequência, principalmente quando o adotado ainda é uma criança.

Pensar nos mitos sobre a biografia da criança nos leva a incluir na história dessa família adotiva o sistema biológico da criança. Segundo McGoldrick, Gerson, e Shellenberger (1999), as famílias adotivas são como famílias recasadas, pois existem duas famílias envolvidas: a família biológica e a família adotiva. Isso é um fato, sendo os pais biológicos conhecidos ou não, pois é possível triangular a memória ou a ideia de pessoas.

Na abordagem sistêmica, devemos sempre considerar o contexto familiar em que o indivíduo está inserido. Nas famílias adotivas, devemos estudar o contexto adotivo, biológico e incluir os sistemas que participaram do processo de adoção.

Segundo Freire (1994), na adoção é preciso considerar aquilo que a antecede, ou seja, a ruptura dos laços biológicos. As crianças que estão disponíveis para a adoção tiveram seus vínculos cortados, porque suas famílias não puderam ou não quiseram assumir suas responsabilidades com elas.

Segundo Cemin (1999), após a ruptura do vínculo com a mãe biológica, a criança passa por um sentimento de estranheza e vazio. Ao receberem a criança, os pais adotivos, por outro lado, passam também por sentimentos novos nesse período de adaptação junto ao filho adotivo.

De acordo com Coehen, Coyne, e Duvall (1996), de uma maneira ou de outra, a adoção está registrada na vida psíquica da criança. Porém, a dificuldade no vínculo com os pais não é uma questão que diga respeito mais especificamente às famílias adotivas, ou seja, encontramos crianças que vivem com seus pais biológicos com dificuldades de vínculo. Nas famílias adotivas, algumas questões se tornam pertinentes quando elas não estão seguras se os filhos devem conhecer sua história.

Quando pouco ou nada é revelado, como é inscrito o tempo biográfico para a criança em seu inconsciente? Na maioria das vezes, para os pais adotivos, a história pré-adotiva da criança representa momentos difíceis que precisam ser apagados a fim de que ela inicie uma vida nova, como se todo o período triste da sua história devesse ser esquecido, como se a biografia da criança não incluísse sua história biológica e suas origens.

Alguns pais adotivos preferem esquecer a vida pregressa da criança, que inclui o período desde o nascimento até o momento da adoção. Eles relatam que gostariam de apagar da memória da criança tudo o que possa ter acontecido antes da adoção. Para eles, a história da vida da criança adotada deveria ser considerada a partir da adoção.

Concordo que, de fato, a história da criança passe a ser considerada a partir da adoção, seja ela um bebê ou uma criança maior. Concordo com a importância desse tempo simbólico em que tanto a criança quanto seus pais passam a reescrever sua história familiar. Porém, no tempo real e na biografia da criança estão incluídos muitos momentos, como: a história da gestação; o seu nascimento; o contato com a mãe biológica; o rompimento desse contato; a instituição que acolheu a criança; o encontro com seus pais adotivos e toda a história que se desenvolve na dinâmica com sua nova família. De maneira geral, os pais adotivos escutam as informações sobre a família de origem da criança, na esperança de logo a terem em seus braços, entretanto eles desejam esquecer esses momentos pré-adotivos e que a criança também esqueça o seu passado.

Segundo Kernberg (1985), é importante incluir a tríade adotiva na história da adoção, ou seja, os três sistemas envolvidos: a história do sistema biológico, a história do sistema adotivo e o sistema nuclear do adotado. Portanto, devemos registrar e incluir todos os dados biográficos e biológicos da criança, trazendo os momentos de pré-adoção e todas as outras questões envolvidas como um tema para a família.

Uma criança perde os vínculos com sua família de origem a partir da adoção, vínculos esses que são substituídos pela sua nova família – a família adotiva. Ela deixa seu sistema de origem e, com a adoção, passa a fazer parte do sistema adotivo. Portanto, dois sistemas distintos se interligaram por meio de uma criança, a qual rompeu seus vínculos biológicos com o primeiro sistema, estabelecendo vínculos afetivos com um segundo sistema.

No Brasil, os processos de adoção em andamento estão abertos e à disposição dos postulantes à adoção para o conhecimento da história da criança. Encerrado o processo, os registros são selados e não mais é possível ter acesso às informações sobre a origem biológica da criança. O Estatuto da Criança e do Adolescente estabelece no parágrafo 2º e 3º do artigo 47 – "*o mandado judicial, que será arquivado, cancelará o registro original do adotado*" (...) "*nenhuma observação sobre a origem do ato poderá constar das certidões de registro*". Esse procedimento visa proteger a criança do estigma de "diferente" e, por outro lado, busca proteger seus pais adotivos no direito de constituírem uma família, sem interferências da família de origem.

De acordo com a Equipe da Seção Técnica de Psicologia da Vara de Infância e Juventude de São Paulo:

> (...) Na verdade, a própria lei alimenta a ideia (sic) de inferioridade relativa à adoção, ao considerar uma atitude discriminatória qualquer referência à condição de adotado no registro de nascimento da criança - só escondemos fatos que julgamos vergonhosos. (Ferreira & Carvalho, 2000)

O fato de os registros nos processos estarem fechados para proteção dos envolvidos na adoção, isso não deve ser associado à negação da história pré-adotiva da criança ou a uma necessidade de a criança ser protegida dos riscos do diálogo com seus pais adotivos sobre sua história. Os registros fechados visam dar à criança adotada uma certidão de nascimento sem dados que sinalizem que ela foi adotada, dando a ela uma certidão sem marcas ou com informações que a coloque como "diferente" de outras crianças que têm laços biológicos com seus pais. Visam, também, dar à criança o sentimento de pertinência sem distinções ou limites, a fim de que ela possa ter canais de comunicação livres no seio de sua família adotiva, no que se refere à sua história, biografia e ao sentido de sua vida.

Se os filhos percebem a dificuldade em abordar suas origens nas suas famílias, eles construirão fantasias sobre o tema. As crianças, os adolescentes e os adultos adotados criarão, eles próprios, seus mitos e preconceitos. Eles estão inseridos em um contexto que vem se transformando, porém que ainda diferencia filhos biológicos de filhos adotivos. Os preconceitos, as tendências hereditárias da criança, a busca das origens, o contato com a família biológica, todos esses pontos são parte da cultura que ainda permeia nossa sociedade, que, muitas vezes, carece de informações, favorecendo os mitos e segredos na adoção.

Segundo Andrei, E. (2001), o termo mito na antropologia tem seu sentido como narrativa que se refere às origens no tempo. Nos trabalhos que enfocam os mitos na adoção, o termo tem, no senso comum, o significado de uma história inventada, uma ilusão. Essa autora segue essa última definição ao desenvolver os mitos sobre a origem biológica na família adotiva. Esses mitos surgem por meio de crenças construídas ao logo dos tempos, as quais têm grande influência na sociedade. Para os antropólogos, não existe qualquer distinção entre "adoção" e "gestação", pois as duas são apenas formas possíveis de afiliação. Elas são encontradas em várias culturas, valorizadas, negadas ou privilegiadas de diferentes formas. Segundo essa autora, o grande mito é o de que a adoção é uma forma de filiação diferenciada e um desvio da norma universal, filiação essa genética e consanguínea.

Para Weber (2001), estudar a cultura ao longo da história permite que famílias elaborem fatos e situações desconhecidas ou temidas e entrem em contato com questões significativas que favoreçam a compreensão da realidade. Na opinião dessa autora, ao falarmos de uma criança adotada, devemos sempre nos lembrar de que antes dessa adoção ocorreu um fato doloroso com a criança, fato esse que não pode ser negado ou esquecido na sua história de vida.

Conhecer, revelar as origens e abordar os dados sobre a família biológica da criança é algo temido pela maioria das famílias adotivas. Esse medo está associado a uma série de crenças, como o temor à hereditariedade desconhecida, à força da biologia na influência sobre a vida da criança e ao risco de conduta problemática. Entretanto, os casais que têm os filhos biológicos também temem problemas congênitos, ou mesmo certos traços hereditários de membros da sua família. No caso de filhos adotivos, os pais alegam que o que os assusta é o fato de não conhecerem as características, as quais poderiam ser passadas pelos laços de sangue.

Uma questão frequente está relacionada à dúvida se o vínculo adotivo é tão forte quanto o biológico. Enquanto a criança tem dúvida se os pais adotivos agiriam de forma diferente, frente a um determinado acontecimento, se eles fossem filhos biológicos, do outro lado, os pais se indagam se certo comportamento da criança é resultado de uma tendência biológica, algo herdado de sua família de origem.

Na opinião dos pais, o comportamento inadequado de um filho adotivo é associado à sua condição de adotado, sendo queixa frequente em consultas terapêuticas. Para os filhos adotivos, os problemas na relação com seus pais, muitas vezes, estão associados à adoção, ou seja, ao fato de não serem pais biológicos. Essa questão é muito comum na adolescência, quando conflitos surgem nas famílias, sejam elas adotivas ou biológicas. Nas famílias adotivas, se os mitos sobre o processo de adoção, precedentes tanto com os pais adotivos quanto com os próprios filhos não forem identificados e trabalhados, de fato, surgirão conflitos na relação familiar.

Os segredos sobre sua origem podem levar o filho adotivo, frente a um acontecimento sem uma razão clara, a imaginar que o acontecido deve ser a chave de algo conectado com o passado biológico. Isso certamente pode ser a repetição de um sentimento correlato nos seus pais adotivos que, frente a um determinado fato, fazem uma analogia com a adoção. Quando a origem e a própria adoção são mantidas em segredo, a criança pode supor que, por alguma razão, esses pontos devem ser escondidos e guardados. Daí, surge um sentimento de vergonha e, consequentemente, o próprio preconceito da criança quanto ao seu *status* de adotada. Da mesma forma, por outro lado, os pais adotivos podem conectar algum acontecimento que eles não compreendem o significado ao tema da adoção. Assim, tanto os pais quanto os filhos constroem o preconceito e os mitos sobre a adoção na relação intrafamiliar.

Entretanto, ter acesso aos dados biológicos não visa buscar garantias sobre a biologia da criança, mas sim completar os dados omissos, para que ela possa construir sua identidade a partir de dados de realidade. Se não existirem informações sobre seu período de vida antes da adoção, esse fato deverá ser elaborado e tratado como realidade da sua história.

Segundo Weber (2001), os filhos adotivos compreendem que conhecer a história da sua origem é importante. Mas os pais adotivos relutam e têm dúvidas sobre tal importância, o que geralmente propicia os mitos, os segredos e os preconceitos, criando um contexto de ambivalência e insegurança. A maioria dos pais adotivos não tem nenhuma informação sobre a origem dos filhos e sabe muito pouco sobre o que aconteceu com as crianças. Quando os filhos passam pela adoção legal, é possível que os pais adotivos tenham acesso a informações sobre sua origem. No caso da adoção informal, os pais adotivos registram as crianças como filhos biológicos sem que haja um processo junto ao Juizado. Geralmente, uma pessoa apresenta ou indica os pais aspirantes à mãe biológica, ou a algum membro da sua família que tem contato com a criança. Assim, nesses casos, os pais podem ter acesso às informações sobre as origens, porém alguns preferem não conhecê-las.

Por outro lado, quando a criança foi abandonada, o Juizado tenta localizar a mãe ou o pai biológico e, não tendo sucesso, ocorre a destituição do pátrio poder, ficando a criança à disposição para ser adotada. Porém, sua família adotiva não terá dados sobre a biografia pré-adotiva, e essa ausência de informação deverá ser revelada, oportunamente, à criança. Essa lacuna existirá, não por omissão ou segredo, mas sim pelos limites impostos pela realidade da biografia da criança. Nesses casos, observo que a revelação de que os pais adotivos não conhecem a história pré-adotiva não é necessariamente um problema para a família, pois o importante não é o conteúdo das informações, mas sim a disponibilidade para revelar e abordar o tema das origens. Para os filhos adotivos, o valor se encontra na percepção da verdade na comunicação e no relacionamento com seus pais.

No trabalho com famílias que guardam segredo sobre a adoção e as origens, constato que os pais têm como razão pessoal a proteção do filho adotivo. Entretanto, é importante saber se o filho precisa ou deseja ser protegido do que, de quem e por quem. Geralmente, as crianças adotadas, mesmo aquelas que souberam da situação desde pequenas, relatam que seus pais adotivos não deram muitas informações sobre as circunstâncias da adoção em si. A mensagem de que o assunto não deve ser explorado é passada pela atmosfera de tensão e segredo.

> Ao analisar a atitude de alguns pais adotivos que, de forma completa ou parcial, tentam manter segredo sobre a origem biológica de seus filhos, entendemos que sua finalidade é conquistar segurança para si e para eles. Desconhecem, no entanto, a impossibilidade de seu intento, pois estariam buscando segurança em um estado de insegurança. (Schettini, 1999, p. 66)

Nos relatos clínicos dos tratamentos de crianças e adolescentes, eles trazem à tona dados desconhecidos sobre as mães biológicas e criam fantasias sobre o porquê de elas não terem podido ficar com o bebê: imaginam que a mãe que coloca os filhos para adoção tem uma vida promíscua; que é muito jovem e não pode manter o filho com ela; que rejeita a gravidez e o vínculo com o bebê; que não tem condição financeira para criar um filho; que a família não oferece ajuda; ou que ela é mãe solteira e não tem o apoio do pai biológico.

De acordo com Ferreira e Carvalho (2000), o projeto Acalanto de Natal revela que 90% das mães atendidas que entregam seus filhos para adoção são empregadas domésticas, solteiras e seus parentes moram em outras cidades. Muitas escondem a gravidez dos seus pais. Outra pesquisa realizada no interior de São Paulo demonstra que 75% das mães biológicas alegam dificuldades econômicas, dentre as quais 54% encontram-se na idade entre 20 e 29 anos.

Segundo Burlingham-Brown (1998), há alguns mitos sobre as mães biológicas, principalmente que elas entregaram seus filhos sem amor. Os relatos mostram solidão, rejeição, vergonha e o fato de que essa perda fica registrada para sempre nas suas vidas, mas outras mães sentem que agiram corretamente. Entretanto, guardam segredo e escondem suas histórias por medo de não serem compreendidas. De alguma forma, encontramos segredos em todas as famílias. Porém, nas famílias adotivas, os mitos e as crenças sobre a adoção propiciam o surgimento de segredos e tabus.

Os pais adotivos guardam segredos sobre as motivações para a adoção, as informações das origens da criança, seus medos, e muitas questões que envolvem o tema da adoção. Os filhos adotivos, por sua vez, guardam segredos sobre fantasias e indagações que têm sobre o que não sabem sobre suas vidas.

Verifica-se que os segredos potencializam bloqueios nos relacionamentos, já que escondem fatos de pessoas. Apesar da evolução dos tempos e das radicais mudanças nas atitudes, ainda encontramos famílias que omitem ou que a criança foi adotada ou dados sobre a história da adoção.

Muitas vezes, dá-se o fato da adoção ser revelada, mas o tema, por uma série de razões, ser transformado em um tabu. Os pais ficam constrangidos quando a criança toca no assunto, e a criança fica aflita em não poder fazer perguntas sobre sua história e sua origem. Em algumas famílias, o assunto é "oficialmente liberado", mas a criança, de alguma forma, nega a adoção, denunciando conflitos e fantasias sobre sua história.

Os segredos existem na história, ao longo das gerações, tanto como segredos inofensivos como os temas tabus. Os segredos são contextuais, assumem diferentes significados em diferentes momentos e definem relacionamentos. As informações que devem ou não ser mantidas em segredo mudam de acordo com o contexto familiar e com as regras culturais. No trabalho com famílias que têm um segredo, verifica-se que ele não é mencionado: Embora todos os membros da família o conheçam, não podem falar dele. Os segredos afetam a comunicação e a confiança, além de criarem uma tensão em torno da possibilidade de uma revelação imprevista. Muitas vezes, o *stress* em guardar o segredo é maior que o segredo em si (Imber-Black, 1994).

Os segredos sobre a adoção e sobre as origens da criança trazem mais conflitos para a dinâmica da família do que a abordagem e a discussão sobre os mesmos temas. É muito difícil encontrar famílias adotivas sem segredos. Verifica-se que fatos camuflados acontecem por uma preocupação dos pais em proteger todos os envolvidos e, principalmente, para evitar o contato com as origens da criança: um "velho fantasma".

A adoção é um tema muito delicado e geralmente sempre apresenta questões encobertas. Segundo Hartman (1994), os pensamentos que as pessoas têm sobre esses fatos se baseiam em suas próprias experiências e em mensagens que recebem sobre o que pode ou não ser comentado. Tais mensagens contextuais são centrais para a decisão das pessoas sobre manter ou não os segredos. Por que algumas famílias preferem relatar alguma coisa sobre a origem, justamente o que outras famílias preferem omitir? Por que, quando e como revelar dados sobre a origem – são questões importantes.

Na França, há indivíduos que buscam conhecer dados sobre sua origem quando chegam à maioridade. De acordo com Dolto (1995), o estado deve fornecer os dados sobre a origem, pois, depois dos 18 anos, o indivíduo adotado tem o direito e o dever de buscar seus pais.

> Certos pais adotivos desejam manter o segredo das origens dos filhos, o que me parece derivar essencialmente do imaginário. Como se a ignorância de suas origens aproximasse mais a criança dos pais adotivos ou, em outro sentido, como se a criança que nada sabe dos pais de nascimento fosse filha biológica da fantasia dos pais adotivos! (Dolto, 1995, p. 87)

O medo de que um dia a família biológica entre em contato com a criança adotada justificaria o medo de alguns pais adotivos: conhecer a mãe biológica na hora da adoção; optar pela omissão de informações sobre a origem da criança; buscar uma criança numa região bem distante e preferir dizer que provavelmente os pais biológicos morreram.

O contato com os dados sobre a origem de uma criança passa a ser o grande tabu para certo número de famílias adotivas. Frente aos segredos e às questões veladas, a criança cresce com uma curiosidade que não pode ser colocada com naturalidade. Ela percebe que o tema da adoção e de sua origem não pode e não deve ser comentado. Com isso, naturalmente, a criança imagina e fantasia sua família biológica, podendo ocorrer toda uma idealização, principalmente nos momentos difíceis de sua vida.

Os relatos clínicos sobre crianças adotadas mostram que, consciente ou inconscientemente, de alguma maneira elas conhecem sua história, a qual é mesclada de dados reais e dados fantasiados. O não dito sobre a origem, os segredos e o medo dos pais não autorizam essas crianças a abordarem sua história com seus pais adotivos.

Na análise dos desenhos de crianças que não sabem da sua condição de adotadas, verifico que elas expressam e projetam as histórias da família biológica, do abandono e da adoção. As fantasias construídas também revelam sua percepção inconsciente de algum mistério na sua história.

Segundo Hartman (1994), o segredo pode afetar na criança seu senso de pertencer à família; e nos pais pode afetar seus sentimentos de competência e direitos adquiridos ou negados. Há duas premissas acerca dos segredos, das mentiras e distorções da verdade. Os segredos são vistos como uma forma de manter e proteger os relacionamentos. As mentiras e distorções da verdade são a carga necessária e inevitável que deve ser carregada para evitar ferir os outros. Os segredos, as mentiras e as distorções da verdade são vistos como impedimentos à intimidade. Contar a verdade é visto como o início de um processo de restauração e reparação, no qual a capacidade para os significados compartilhados pode eventualmente ser reconstruída.

Segundo essa autora, o segredo interfere na comunicação e na confiança intrafamiliar, além de criar tensão com a possibilidade de uma revelação imprevista. O segredo também pode gerar o fracasso de algumas famílias no que se refere a negociar as transições do ciclo de vida, como a passagem da infância para a adolescência e para a vida adulta, com suas questões pertinentes. O segredo pode ser encoberto por uma mentira, a qual é mais difícil de manter. Existe uma diferença entre guardar um segredo, privacidade e confidencialidade. **Guardar** é o encobrimento de algo que esconde bem mais do que aquilo considerado privado. A **privacidade** é a condição de proteger algo de outros, mas não necessariamente esconde. Já a **confidencialidade** protege muito mais de algo que não é realmente secreto. Revelar um segredo, para essa autora, é sempre uma tarefa difícil.

De acordo com Paiva (1997), a decisão de alguns pais de não revelar a adoção a um filho pode estar ligada à intenção de não mexer em dores antigas dos pais. Outros revelam a adoção, mas omitem detalhes sobre sua origem ou sobre o abandono. Essa autora faz uma analogia da criança que não conhece sua história com a brincadeira do "*café com leite*", onde a criança é chamada para brincar com um grupo, mas não sabe que seu papel é apenas de figurante. Ninguém conta para a criança o que está acontecendo com receio que ela se retire do jogo. Ela percebe que algo está acontecendo e abandona a brincadeira com a sensação de traição. Nos segredos das famílias, a experiência mostra que todos os membros conhecem a história da adoção, porém existe uma proibição explícita ou implícita de comentar sobre o tema.

Algumas crianças desenvolvem sintomas, como distúrbios de aprendizagem em função de que a aquisição de conhecimentos está relacionada à curiosidade sobre as suas origens – interrogação essa que não lhe é permitida. A fronteira que se estabelece em torno do sistema familiar é rígida a ponto de não permitir trocas afetivas com pessoas que não façam parte da família, dificultando inclusive a ajuda terapêutica.

Uma família cria expectativas sobre seus filhos e a conduta deles é a resposta que faz parte de uma pauta multigeracional existente em qualquer interação familiar. Essas pautas refletem as dívidas contraídas em gerações anteriores e, como não são explícitas, são denominadas *lealdades invisíveis*. Os filhos, em geral, parecem ter uma dívida existencial com seus pais. Nas famílias adotivas, a narrativa da adoção pode se fixar em torno da relação de benefício/gratidão. O filho adotivo honra o compromisso de lealdade com seus pais – a dívida de terem sido adotados e reconhecidos como filhos – e satisfaz as expectativas do mandato familiar.

> De vítima das mentiras e omissões dos pais, o filho pode tornar-se cúmplice dessa história, pois a sua conivência garante, de certo modo, o seu pertencimento a este sistema. Nesse sentido, o outro lado do não saber é a obrigação de se calar sobre o saber. A premissa colocada é de que não há uma relação direta entre saber e dizer. (Paiva, 1997, p. 33)

De acordo com Kernberg (1985), as crianças adotadas são muito prejudicadas pelos segredos da adoção, porém muito mais prejudicadas com relação aos sentimentos secretos sobre a adoção. A criança pode sentir que a curiosidade sobre os pais biológicos significa que ela não ama os pais adotivos.

Com relação à adoção tardia, a história pré-adotiva influencia não somente seu desenvolvimento, mas também interfere em como a família adotiva vai se colocar frente às suas origens. Vargas (1998) relata que tanto a idade da criança quanto sua história pré-adotiva são fatores intimamente relacionados. A autora identificou o padrão de apego desenvolvido pelas crianças adotivas em três variáveis:

> a) idade e condições de vida da criança anteriores à adoção; b) motivos que levaram os pais à adoção; c) condições de vida propiciadas à criança pelos pais adotivos, especialmente o padrão de cuidados materno. (Vargas, 1998, p. 34)

Segundo Maldonado (1997), é relativamente comum a mãe adotiva travar uma competição imaginária com a mãe biológica. Nesses casos, a mãe adotiva acredita que ela realiza os desejos e cuida da criança, enquanto a mãe biológica é a pessoa que a rejeitou. A autora verifica que, por conta do sentimento de abandono e do medo da rejeição, a criança oscila no direcionamento de afeto com os dois pares de pais. Em algumas situações, rejeita os pais biológicos, e em outras, rejeita os pais adotivos. Assim, a criança pode sentir raiva da mãe biológica, que a abandonou, e outras vezes, raiva da mãe adotiva que poderá abandoná-la. Por outro lado, ela pode direcionar a raiva pelo abandono para si própria, sentindo-se não merecedora de afeto. Os processos de idealização e rejeição precisam ser avaliados frente aos segredos e às fantasias que envolvem a adoção.

A teoria psicanalítica demonstra como a criança se apaixona pelo genitor de sexo oposto e rivaliza com o genitor do mesmo sexo. Esse período termina quando a criança cresce e se identifica com o genitor do mesmo sexo. Em relatos clínicos no tratamento de crianças – filhos biológicos de seus pais – verifica-se a questão da dúvida por parte da criança, se é filho biológico ou adotivo. Esses episódios ocorrem especialmente quando a criança encontra-se com raiva. Essa fantasia representa uma fase, que logo é abandonada quando a criança aceita sua ambivalência de poder amar e odiar a mesma pessoa.

Com as crianças adotadas, esse mecanismo se torna mais complexo. A criança adotada, de fato, tem dois pares de pais. Ela não pode usar o romance familiar como um jogo, assim como a criança de pais biológicos pode, porque para ela trata-se da realidade. A criança adotada tem a chance de fazer um *split* de bons e maus elementos dos dois pares de pais, atribuindo os bons para um e os maus para outro. É visto que esta capacidade de manter as boas e as más imagens em separado pode trazer problemas para a criança (Sorosky, 1989).

Os tratamentos buscam elaborar essa questão e um dos objetivos do processo é a elaboração dos dois pares de pais, tanto os pais biológicos quanto os pais adotivos, que passam a ser figuras com elementos ora bons, ora maus. Observo que é bastante comum uma criança ao ser contrariada por seus pais adotivos, passar a idealizar os pais biológicos, como se esses últimos pudessem ser diferentes nos critérios de educação de filhos. A criança fantasia que se tivesse permanecido com sua família de origem, poderia ter acesso ao que deseja. Por outro lado, pode se sentir acolhida e protegida na família adotiva, e, portanto, não acredita que, se vivesse com os pais biológicos estaria bem cuidada. Essa criança vive uma verdadeira adoção com sua família adotiva.

Falar sobre a vida de uma criança, suas origens e sua história de adoção nos remete a um momento muito especial: o seu nascimento e um espaço no vazio, entre o contato do bebê com sua mãe biológica na hora do parto e o momento que encontra os braços da mãe adotiva. Esse espaço, chamado de "limbo", é um momento em que a criança não tem ainda uma certidão, não tem nome nem sobrenome (Kernberg, 1985).

Outro momento também muito especial é o tempo de aguardo dos pais adotivos por um filho. Faço a analogia do "limbo" pelo qual passa a criança, com o "limbo" pelo qual passam os pais adotivos, desde o momento que desejam e esperam o filho adotivo, até o momento em que o recebem na sua casa.

O tema do vínculo entre a criança e sua família adotiva encontra muitos preconceitos, principalmente porque existe uma excessiva valorização dos laços de sangue, fazendo com que muitos pais adotivos se sintam inseguros sobre o vínculo adotivo. O tempo de espera por uma criança para adoção pode ser comparado ao tempo de uma gestação biológica, porém a "gestação adotiva" não é valorizada e alguns postulantes à adoção evitam comentar com as pessoas o fato de estarem à espera de uma criança para adoção. A gestação adotiva se desenvolve a partir de uma vivência intrapsíquica e de um desejo consumado no processo da adoção.

Na relação da criança com sua nova família, os vínculos biológicos são substituídos pelos vínculos afetivos. Entretanto, o fato do sangue representar um fator preponderante nas relações de parentesco, ainda permeia o rol dos grandes mitos. O vínculo biológico faz parte do componente da história e da identidade. Além da questão dos laços sanguíneos, o instinto materno levanta a questão se as mães adotivas o possuem, ou sobre o amor incondicional que os filhos trazem ao nascerem. Os depoimentos de famílias adotivas revelam que não é apenas na procriação fisiológica que se estabelecem os laços parentais. Pensar que os laços com a família de origem podem ser mais fortes que os laços adotivos representa talvez o grande mito que permeia todo o preconceito em relação à adoção. É convivendo com sua família adotiva que um filho vai encontrar as permanentes ligações afetivas (Schettinni, 1999).

No trabalho terapêutico, crenças são elaboradas, como a que diz que nas adoções tardias, ou seja, nas adoções de crianças maiores ou adolescentes, não é possível um resgate amoroso, pois elas viveram o abandono, como se crianças de maior idade, ou até mesmo adolescentes, não pudessem, mesmo que passado alguns anos, recuperar ou mesmo desejar uma reestruturação da capacidade afetiva. As pessoas adotam crianças com as quais não têm vínculos genéticos e podem verificar que a relação afetiva e familiar se constrói na convivência (Weber, 2001).

Na adoção tardia, existe o fantasma e o mito de que é impossível uma criança ou adolescente que viveu muitos anos em uma instituição possa amar e se sentir amada. De acordo com Dell'Antonio (2002), o desejo de ter uma criança sem história passada pode esconder o medo de que a família biológica influencie negativamente a relação futura.

Inicialmente, a adoção tardia é encarada como uma tarefa impossível. Vários fatores assustam os pais aspirantes à adoção: o contato com a instituição; a memória sobre tantos anos de abandono; o contato com as outras crianças do abrigo; a possibilidade da criança já ter sido devolvida por outra família; e mesmo, a dificuldade em estabelecer vínculos afetivos com a família.

Os aspirantes à adoção que frequentam os Grupos de Pais Adotivos tornam-se mais disponíveis para adotar uma criança com mais de dois anos, maiores e até adolescentes. Uma das funções dos Grupos é transformar a crença de que uma criança maior teria muita dificuldade no convívio familiar. Os pais adotivos trazem suas experiências e revelam que os filhos sentem gratidão, respeito, desejo de mudança na sua história, comprovando que a adaptação pode ser relativamente rápida e a construção do vínculo afetivo acontece pela convivência do dia a dia.

De acordo com a experiência de Andrei, D (1999), alguns pontos sobre a adoção tardia merecem atenção, entre eles as ilusões, os sonhos, os desejos e as frustrações dos anos de abandono. Esses fatores fazem parte das lembranças do passado, interferem, mas não impedem a adaptação na nova família. Nesses casos, a adoção é um desafio, pois as manifestações da criança com um passado de abandono e institucionalização demandam muita compreensão e tolerância. Se na adoção de uma criança pequena os pais têm todo um cuidado na preparação para a vida, na adoção tardia, o tempo é muito curto para a capacitação para uma vida adulta. O importante é que a família mantenha a serenidade e consiga ter seu filho como um aliado nessa tarefa de construção do vínculo familiar.

Andrei, D (1999) relata em seus depoimentos que adotou um adolescente e considera importante: solicitar um histórico da instituição sobre o comportamento da criança; manter o acompanhamento médico e psicológico durante o período de guarda provisória; não confundir os processos da adolescência com os processos de rejeição; estabelecer limites e regras sem transformar a casa numa reedição do internato; não ter pressa em encurtar o período de guarda; e, principalmente, não apelar para a devolução sem antes tentar todas as alternativas. Para ele, a adoção tardia é um desafio, mas antes de tudo, uma fonte de satisfação e realização familiar.

> A diferença é que na adoção precoce prevalece o coração e na tardia os braços abertos e protetores e firmes. É o dever se antepondo ao amor. Tarefa não fácil, mas compensadora, fruto da vontade, experiência de vida e maturidade. (Andrei, 2001, p. 97)

Na opinião de Yamazaki (2001), que também optou pela adoção tardia, as crianças maiores têm recuperação, mesmo que apresentem comportamento agressivo e desafiador.

Na adoção inter-racial, o mito sobre a origem tem na sua diversidade um aspecto óbvio e não negado, reconhecido e que deve ser valorizado. É por meio da aceitação dessa diferença que os pais adotivos consideram a criança como digna e semelhante a todas as outras crianças. A convivência familiar tem como base o relacionamento facilitador do seu desenvolvimento em um contexto cultural diverso daquele de origem. Quando o silêncio sobre a diferença racial existe, a criança se retrai e reage como se o preconceito confirmasse uma condição de inferioridade. Por outro lado, se ela é inserida no seio familiar, amada e respeitada como pessoa e não discriminada pela sua raça, essa família multirracial tem a oportunidade de conhecer profundos significados do relacionamento humano sem as barreiras estabelecidas pelas diferenças das raças (Dell'Antonio, 2001).

A adoção inter-racial desafia vários preconceitos, dentre eles o fato de que uma criança negra desejaria ser branca, pelo fato dos seus pais serem brancos. Os depoimentos nos Grupos de Apoio à Adoção mostram que a família sente-se gratificada quando a criança reconhece e valoriza a sua raça.

> Esse amargo preconceito é um árduo combate, pois suas raízes mergulham no imaginário da escravidão que retirou dos negros, ao longo de quatro séculos, o puro e simples direito à humanidade (Andrei, E., 2001, p. 47).

A bibliografia brasileira sobre o tema da adoção e sobre o direito à convivência familiar vem aumentando significativamente nos últimos anos. Os estudos recentes têm contribuído para que os mitos possam ser compreendidos e transformados. A crença de que uma criança adotada traz problemas para sua família refere-se ao mito de que ela está atuando um comportamento que, supostamente, teria herdado dos pais biológicos, como se eles fizessem parte de uma categoria desviante, promíscua e marginal.

O trabalho dos Grupos de Apoio à Adoção junto às famílias visa transformar mitos e segredos em realidades compartilhadas entre os membros da família. Anualmente, um grande evento reúne os profissionais de adoção e as famílias adotivas, que juntos trabalham na mudança de cultura da adoção, tanto a de bebês, como a tardia, a inter-racial, a de grupos de irmãos e a de crianças com necessidades especiais.

Na minha experiência como terapeuta de família, comprovo que o relacionamento na família adotiva não é melhor nem pior do que nas famílias biológicas. Defendo que todas as crianças e adolescentes institucionalizados não convivem com sua família de origem ou com uma família substituta merecem viver essa experiência. Aliás, mais do que isso, elas têm esse direito estabelecido pelo ECA.

3

A REVELAÇÃO DAS ORIGENS DA CRIANÇA

TRAGO PARA DISCUSSÃO A REVELAÇÃO DAS ORIGENS, PARTINDO da premissa de que a criança tem o conhecimento da condição de adotada. A adoção é realizada nos primeiros dias de nascimento, na primeira infância ou tardiamente. A família revela a adoção em si, entretanto tem dificuldade em revelar a origem de seu filho, omite o que sabe sobre a história ou não tem informações sobre a criança antes da adoção.

Todo indivíduo tem sua biografia inscrita desde a concepção até a morte. A questão da adoção merece algumas considerações, pois, em geral, há poucas informações sobre a vida pré-adotiva da criança. A questão que se impõe versa sobre a importância da revelação dos dados da família biológica para o desenvolvimento da criança na sua família adotiva.

A família adotiva tem, ou não, acesso às informações sobre a vida e história da criança antes da adoção: a vida e família da mãe e do pai biológico; os exames pré-natais; as condições do parto; a avaliação médica e os cuidados básicos do recém-nascido; as condições do rompimento do vínculo com a família biológica; a reação à separação da relação mãe-bebê e os locais de acolhimento.

A falta de informações sobre as origens ocorre porque as próprias famílias, muitas vezes, têm dificuldades no que concerne às informações da criança frente à instituição que a abriga, à pessoa que conhece a história, ou aos profissionais dos juizados. A maneira como a família concebe a importância dos dados sobre a origem biológica da criança está intimamente ligada aos mitos e preconceitos que cercam a adoção. O distanciamento desses dados é visto pela família de forma positiva, pois inibiriam a curiosidade da criança sobre sua história e evitaria uma possível aproximação com sua família de origem.

Nos processos de adoção, as informações sobre a história pregressa da criança podem ser incompletas, difusas ou até inexistentes. Segundo Alvarenga (1999), os pais adotivos sabem da importância da revelação da verdade, porém têm sentimentos confusos sobre o tema e receios de que a criança sofra ao entrar em contato com a história sobre sua família biológica.

No caso de não existirem informações sobre a vida pré-adotiva, as questões permanecem sem respostas. E essa falta de dados, com a minha experiência, é a situação que mais se apresenta nos tratamentos com as famílias adotivas. Os filhos necessitam conhecer sua história baseada em fatos reais, conhecê-la assim como seus pais a conhecem. Se os dados são escassos ou inexistentes, essa é a realidade. Na medida do possível, os filhos adotivos precisam identificar e diferenciar a fantasia da realidade.

Os postulantes à adoção têm acesso aos dados do processo do Juizado. Entretanto, eles relatam que quando encontram a criança, surge uma paixão "à primeira vista" e o que desejam é ter seu filho nos braços, deixar o passado para trás e marcar o nascimento da criança a partir da adoção.

Segundo Videla (2001), a criança inicia sua biografia na família adotiva, mas existe uma trajetória pré-adotiva. Os motivos pelos quais ela perde seu vínculo biológico são os mais diversos, porém o acesso à sua história e à sua biografia deve ser respeitado. Quando a história não é passada para a criança, ela perde parte de sua biografia, de sua trajetória anterior, a qual permanece registrada em seu inconsciente. Segundo essa autora:

> As histórias cheias de silêncio pertencem a vidas sem sentido. A criança adotada é um verdadeiro aprendiz de historiador, que deve travar verdadeiras batalhas e organizar estratégias para buscar os pedaços de sua

> vida, que desapareceram no ocultamento dos adotantes. Ela deverá transformar as informações fragmentárias em uma construção histórica, uma construção que lhe permita ter a sensação de continuidade temporal. Trata-se de um processo que reconstrói o passado em função do presente, com o olhar voltado para o futuro. (Videla, 2001, p. 166)

Nas adoções internacionais, a família biológica e seu país de origem se distanciam geograficamente. Porém, a biografia dos indivíduos adotados por estrangeiros está inscrita na história e na vida intrapsíquica, independente de onde vive a família adotiva.

No Reino Unido, as agências preferem que as crianças permaneçam em seu país de origem, para que não haja separação cultural. Elas condicionam a aprovação da adoção internacional ao compromisso de que se mantenham laços culturais com o país de origem da criança. Na Suíça, a mãe que assina o termo de renúncia tem ainda um prazo de três meses para voltar atrás e revogar a decisão. Na França, a mãe biológica só pode dar o consentimento para a adoção após seis semanas do parto, e a adoção é efetivada somente após doze meses, podendo os pais biológicos reaver a criança dentro desse prazo (Ferreira & Carvalho, 2000).

De acordo com Dolto (1998), França e Luxemburgo possibilitam que uma mãe peça segredo sobre sua internação na hora do parto. Esse fato vai contra a Convenção Internacional dos Direitos da Criança, que torna obrigatório o acesso de todos às suas origens, estipulando que a criança, na medida do possível, possa conhecer seus pais. Os especialistas encarregados de colocar o direito francês em conformidade com o direito internacional ressaltam a necessidade de não confundir anonimato e segredo. O anonimato apaga todo vestígio de identidade, não cabendo ação e busca de maternidade, ao passo que o segredo revela no futuro a identidade da mãe, dando a possibilidade para a criança de procurar, se desejar, um mediador para aproximá-la da mãe de origem e, em caso de recusa desta, poder consultar seu registro de nascimento, após um prazo de prescrição.

Segundo o *Estatuto da Criança e do Adolescente* - Art 41 "*a adoção atribui a condição de filho ao adotado, com os mesmos direitos e deveres, inclusive sucessórios, desligando-se de qualquer vínculo com pais e parentes, salvo impedimentos matrimoniais*".

Segundo Tavares (1997), a adoção é plena e transforma o estranho em filho do adotante para sempre e para todos os efeitos. De acordo com Art. 41 do novo Estatuto da Criança e do Adolescente, de 1990, não existe distinção entre legítimo e ilegítimo; o adotado desliga-se automaticamente de sua família biológica e nenhuma referência poderá aparecer em qualquer documento que denote a situação anterior; os ascendentes do adotado passam a ser os do adotante.

A prática da "adoção à brasileira" vem diminuindo, porém ainda ocorre por uma série de razões, entre elas, pelo medo dos pais adotivos de serem contatados pelos pais biológicos, o que reforça os preconceitos com a adoção e as origens. Há entidades e pessoas que têm uma lista de interessados em adotar e o contato com mães que não podem ficar com seus filhos. Neste caso, o bebê é ilegalmente registrado pelos pais adotivos como filho biológico. A adoção informal coloca em risco o processo de adoção e todas as pessoas envolvidas, tanto a criança quanto os pais biológicos e adotivos.

O segredo na adoção é uma questão legal e não há qualquer outra situação na qual a lei alcance a vida das pessoas tão intimamente. Até o final da década de 1930, tanto os adotantes quanto os adotados tinham acesso aos registros originais. Com a intenção de libertar as crianças do estigma da ilegitimidade e com certidões que deixavam explícita a adoção, inicia-se um movimento para o impedimento ao acesso aos registros.

As leis exigem uma nova certidão de nascimento legal com o nome dos pais adotivos, sendo a certidão de nascimento original lacrada. Porém, ao mesmo tempo em que se tenta proteger as crianças do estigma doloroso, forma-se uma barreira entre os adotados e suas origens. Portanto, o segredo e a negação estão no núcleo da prática tradicional da adoção. Em muitos estados americanos, os registros de adoção ainda são lacrados. Em alguns estados, em que as certidões originais de nascimento estavam disponíveis, agora têm acesso proibido. Os registros originais estão lacrados na Austrália e no Canadá. A Inglaterra e a Escócia abriram seus registros aos adotados adultos (Hartman, 1994).

O que pode ser verificado nas famílias é uma tendência a não guardar na memória as informações sobre a origem. No decorrer da vida da família adotiva, os pais adotivos tendem a encontrar dificuldade na obtenção de dados que possam interessar. Os registros do processo são fechados para proteção de adotados e adotantes.

Segundo Hartman (1994), é importante mencionar a discussão entre os adeptos da *adoção aberta* e os adeptos da *adoção fechada*. Até alguns anos atrás, a tendência era adotar uma criança, se possível sem nenhum contato com sua história pregressa, promovendo uma invisibilidade com relação à sua família de origem. Mais recentemente, os estudos mostram divergências clínicas e teóricas com relação à prática de *adoções abertas* ou *fechadas*. Na *adoção fechada* o processo é confidencial. Na *adoção aberta* existe o contato entre a família biológica e os pais adotivos.

De acordo com as pesquisas do *American Adoption Congress*, seis milhões de adotados questionam os segredos sobre a adoção. Os adotados, os pais biológicos e pais adotivos vêm se organizando em grupos de autoajuda, apoio e ação política para mudar a estrutura legal e social que define a adoção.

Na *adoção aberta*, praticada em alguns estados americanos, destacam-se: a adoção aberta restrita (as agências de adoção são as mediadoras nas informações); a adoção semiaberta (os dois pares de pais se conhecem, mas não são passadas informações); a adoção completamente aberta (os dois pares de pais se encontram e trocam dados da criança); a adoção aberta continuada (os dois pares de pais mantêm contato permanente com a criança). Todas as partes da tríade adotiva, o adotado, sua família adotiva e sua família biológica têm necessidades e direitos que devem ser respeitados, sendo que a criança precisa ser vista como a prioritária. A *adoção aberta* ainda é considerada indesejável por uma maioria de profissionais, pois representa uma ameaça para a titulação da família adotiva, além de poder resultar em competição entre as duas famílias. A *adoção aberta*, no entanto, traz resultados quando é uma escolha da família, com acordos entre as partes (Hartman, 1994).

Ainda existe controvérsia sobre a *adoção aberta* e *fechada*. Segundo Grotevant, McRoy, Elde, & Fravel (1994), são pontos de defesa da *adoção fechada*: a redução de interferências na família adotiva; a proteção da criança do estigma da situação de ilegitimidade e de adotada; o fortalecimento dos laços da criança com a mãe adotiva; a estabilidade e proteção para o desenvolvimento do *Self* da criança adotada e a proteção para os pais biológicos de futuras intrusões de seus filhos biológicos. Os pontos em defesa da *adoção aberta são*: a tendência da criança em fantasiar negativamente quando existe segredo sobre a família biológica; o fato de a mãe biológica diluir sua culpa ao saber que a criança está bem; o sentimento de pertinência da criança com sua família adotiva quando conhece sua história e as razões de não ter podido ser criada pelos pais biológicos; o acesso dos pais adotivos às informações sobre a saúde e herança genética para suprir uma possível necessidade de tratamento preventivo. Existem vantagens e desvantagens nas duas situações de *adoções, abertas* ou *fechadas*. Considerar a origem biológica da criança adotada, falar sobre sua história e até representá-la no seu mapa familiar não significa colocá-la frente a frente com sua família biológica como é defendido pelos adeptos da *adoção aberta*. O acesso da criança aos fatos históricos verdadeiros reafirma os laços com a família adotiva, pois afasta os fantasmas de uma história camuflada. As pesquisas com famílias adotivas comprovam que quando as informações sobre o passado da criança são claras, os laços afetivos tornam-se consistentes e os laços biológicos tornam-se parte da sua biografia.

O que proponho, a partir da minha experiência e estudos sobre o tema, é uma redefinição sobre esse conceito de *adoção fechada* ou *aberta*. Acredito que a adoção deve ser *fechada* na certeza de que a família verdadeira é a que constrói os vínculos com a criança. Por outro lado, deve ser *aberta* na certeza de que os livres canais de comunicação sobre as questões das origens propiciam o diálogo e a transformação de dados fantasiados em dados reais. Portanto, o sistema familiar adotivo, sendo *aberto* e *fechado* ao mesmo tempo, mostra uma flexibilidade necessária para uma evolução saudável da família adotiva.

Apesar do senso comum, em não esconder de uma criança que ela é adotada, tanto por profissionais da área quanto pela mídia, ainda encontramos famílias que mantêm o segredo da adoção. Essas famílias se confrontam com a revelação e se perguntam quando, como e o que revelar da história das origens. Esse é um ponto muito complexo, o qual deve estar de acordo com a curiosidade infantil e com o modo como as informações são passadas. Quando os segredos são revelados, eles parecem irrelevantes e fora de proporção com tudo o que está relacionado à sua guarda.

Entretanto, muitos pais adotivos preferem dizer que os pais biológicos morreram para evitar que essa criança, um dia, resolva buscar suas origens. Ao crescer surgem novas perguntas e a criança questiona a antiga versão da história. O que a compromete é o fato de uma mentira levar a outras mentiras, afetando o relacionamento de confiança entre os pais adotivos e seu filho. Para Maldonado (1997), as famílias dizem que a mãe biológica morreu porque é uma versão simbólica, no sentido em que funcionalmente esta mãe está morta na vida dessa criança, na medida em que não está mais em contato com ela.

> Existem casos em que, mesmo quando a família adotiva é bastante amorosa e o convívio é satisfatório, o adolescente ou o adulto jovem sente a necessidade de localizar a família biológica porque fica muito intensa a sensação de estar faltando peças no quebra-cabeça de sua existência. A falta de dados sobre o passado hereditário é dolorosa para algumas pessoas, gerando um vazio incômodo. (Maldonado, 1997, p. 66).

De acordo com Videla (2001), ocultar a verdade sobre as origens da criança produz um vazio no processo histórico dela, impossibilitando sua função de historiadora de si mesma. Os técnicos dos juizados e os profissionais que tratam de famílias adotivas concordam com a importância do acesso às informações sobre a família biológica. Alguns pais guardam segredos e não deixam que questões sejam levantadas. Frente ao questionamento da criança sobre sua origem, os pais sentem-se rejeitados e avaliados e se perguntam por que de a criança fazer perguntas e por que de querer saber sobre sua família biológica. Nessas ocasiões, eles tentam desencorajar a criança na sua curiosidade, acreditando que o passado não deve se tornar presente, que ela não deve se interessar pelas origens e, se possível, não deve comentar com as pessoas sobre a adoção.

A busca pelas origens é uma opção que o indivíduo adulto adotado vai concretizar ou não, dependendo de uma série de circunstâncias. Pode ocorrer uma demanda pessoal ou um acontecimento alheio à sua vontade. Entretanto, quando porventura o contato entre o adotado e sua família biológica acontece, surge a constatação do valor da ligação afetiva na relação com a família adotiva. O mito sobre os laços de sangue, de serem mais fortes que os laços adotivos, tem a oportunidade de ser reavaliado pelos pais adotivos e por seus filhos. As famílias que passam por essa experiência se confrontam com um momento difícil, porém se os mitos podem ser abordados e revistos na dinâmica familiar, nesse momento, o vínculo na família adotiva é reforçado.

Não defendo o fornecimento de dados sobre a origem com o objetivo de colocar a criança frente a frente, de fato, com sua mãe ou pai biológico. Defendo que os pais possam satisfazer a curiosidade da criança sobre sua história. Porém, se ocorrer um eventual contato com a família biológica, a família adotiva deve poder tratar do assunto com serenidade, confiando no vínculo estabelecido ao longo dos anos. E, na verdade, como não foram construídos vínculos afetivos com a família biológica, não existe uma relação, havendo apenas a consciência de um vínculo que existe na Biologia. Entretanto, se houver interesse das partes envolvidas, ou seja, entre o indivíduo adotado e sua família biológica, os vínculos poderão ser construídos. Relato um exemplo dessa situação no **Capítulo 5**.

Geralmente, os filhos adotivos não querem de fato encontrar seu pai ou mãe biológica. Eles fantasiam sobre sua história, mas o que desejam, verdadeiramente, são informações sobre a sua história, saber por que não puderam ficar com sua família de origem e por que foram colocados para adoção. Eles precisam preencher as lacunas em branco de sua biografia e conectar sua história atual com suas raízes.

As informações sobre a origem fazem parte da história da criança, e elas podem e devem ser acessadas à medida que a criança manifestar curiosidade e tiver maturidade para compreendê-las. No atendimento às famílias adotivas, a história da criança é muito importante para todos os membros que a compõe. Tanto os pais precisam reconhecer que houve um tempo antes da adoção, como a criança necessita aceitar esse tempo como parte da sua história, e não como uma ameaça à integridade da família adotiva.

Muitas vezes, as famílias consideram a vida da criança antes da adoção marcada por fatos que, segundo elas, se revelados, poderiam prejudicar o desenvolvimento delas. Por exemplo, o fato de uma criança ter sido abandonada na rua pode representar o único dado que existe no seu registro. Este é um dos casos em que alguns pais adotivos preferem contar para a criança que ela foi deixada por sua mãe em um abrigo, em vez de revelar a realidade. Equivocadamente, esse segredo apresenta-se como um serviço de proteção à criança da tristeza ao saber que ela foi encontrada na rua. Os pais tentam poupar a criança de saber a verdade e, por trás dessa omissão, surge o impedimento do acesso às informações sobre a biografia tão necessária para a formação da identidade da criança.

De acordo com Ferreira & Carvalho (2000), a criança abandonada não é colocada imediatamente para a adoção. Os técnicos do Juizado, primeiramente, tentam localizar a família biológica. Somente quando é comprovado o abandono é que ela passa a estar disponível para a adoção.

A maioria crescente de casais manifesta interesse pela franqueza, porém não esconde a dificuldade em lidar com a questão, principalmente quando a história da criança possui elementos que, se revelados, a família considera nocivos para sua vida. Entretanto, essa criança cresce e indaga sobre seu passado. O que, como, e por que contar, questionam-se os pais. Os membros da família podem discordar sobre revelar ou não, ou sobre que parte da verdade revelar ao adotado. Conflitos intrafamiliares podem surgir e a criança adotada sentir e perceber, intuindo que algo está sendo mantido em segredo. Os relacionamentos são afetados e pode ser útil pensarmos sobre as alianças e coalizões escondidas, as quais podem ser marcadas por quem sabe e por quem não sabe da existência de segredos. Porém, os segredos e as omissões interferem negativamente, muito mais do que a revelação das informações.

Muitos pais adotivos não sabem *se* e *como* transmitir informações a respeito da história da criança que passou por situações de negligência ou violência doméstica.

> Não todos estão suficientemente informados sobre o alcance e as consequências da transmissão de acontecimentos vergonhosos, humilhantes, hostis e sinistros para a criança, tais como o incesto, a violação de sua mãe, a tentativa de assassinato ou o fato de ter sido deixada em um terreno baldio. (Videla, 2001, p. 166)

Segundo Videla (2001), a revelação das origens deve ser feita com o cuidado necessário, respeitando o tempo lógico e o tempo real da criança, ou seja, informando a criança sobre coisas da vida, sobre a morte, sobre a sexualidade, sobre a fecundação e o nascimento de bebês, tudo de acordo com a idade da criança, com a sua curiosidade e de acordo com a sua capacidade de absorver essas informações. A revelação da origem biológica deve ser adaptada à realidade da criança, à sua estrutura psíquica e ao seu momento.

Saliento que os dados biográficos precisam ser redefinidos quando se trata de um reflexo da situação de violência, seja ela física ou subjetiva, ou qualquer contexto de uma vida em condições precárias, ou seja, redefinidos de uma forma tal que a criança possa tomar consciência da sua história de uma maneira que ela tenha capacidade para entender, sem que esses dados se transformem em uma situação traumática e de difícil absorção. A partir da história real, um novo significado deve surgir, permitindo que a criança entenda a situação sob um novo foco, verdadeiro, porém redefinido. Isso se justifica porque a criança precisa conhecer sua história para poder absorvê-la, elaborá-la e descobrir, por si mesma, o sentido de sua existência. A revelação sobre a adoção deve acontecer a partir do momento em que a criança chega à família adotiva, porém a revelação sobre as origens é um segundo passo que a família tende a retardar. Essa revelação pode acontecer por meio da contação de histórias infantis, as quais propiciam a oportunidade por causa de seus enredos, sendo utilizadas como uma ponte para a tarefa dos pais. A história da criança deve ser fornecida de acordo com a sua idade e curiosidade. Para uma criança que escuta um conto em um determinado momento, algo indica que sua história está sendo revelada. A criança cresce consciente da sua história e das suas origens.

> Podemos considerar ser menos importante a idade ou a informação dada do que os sentimentos atrás da escolha das palavras, estes sim capazes de provocar problemas futuros. (Alvarenga, 1999, p. 171).

De acordo com Alvarenga (1999), muitas vezes o questionamento da criança sobre sua história é sentido pelos pais como algo que compromete o seu pertencimento e vínculo na família, e pode ser visto como um sinal de falta de lealdade em relação aos pais adotivos. Os filhos percebem o quanto suas perguntas ameaçam seus pais. Consequentemente, os pais se fecham e inibem sua curiosidade. Na opinião dessa autora, esse fato interfere no processo de autonomia e espontaneidade dos filhos.

Segundo Schettinni (1999), quando um filho adotivo indaga sobre sua origem podem surgir conflitos na família: o filho querendo respostas e os pais com medo das perguntas. O filho pede informações sobre seus pais biológicos e, geralmente, os pais não sabem o que contar, surgindo, então, temas que na época de sua adoção podem ter ficado mal elaborados, camuflados e não resolvidos. Falar da origem de um filho adotivo é pensar nos pais biológicos, tratando-se de um tema difícil, que existe no contexto e está na história. Querer conhecer sua origem é como querer conhecer a si próprio. As dúvidas sobre sua história podem provocar insegurança e indefinição no seu sentido de existência.

Da parte dos pais há o receio de que os laços sanguíneos sejam fortes e que o filho queira partir em busca da sua origem, por isso, muitos pais temem revelar a verdade sobre a história da adoção. No trabalho com famílias que guardam segredos, verifica-se que quanto mais forte são esses segredos, maior é a curiosidade e a fantasia sobre a família de origem. A criança deve elaborar a ruptura dos laços com a mãe biológica e preencher uma lacuna na história para encontrar o sentido de sua vida. Em alguns casos, não existe nenhum registro e isso torna difícil encontrar alguma resposta. Isso não acarreta necessariamente um problema, pois o importante é poder expressar a curiosidade e encontrar na família adotiva o espaço para o diálogo. Essa busca encontra um novo sentido quando a criança adotada cresce, tem seu próprio filho e entra em contato com sua herança genética. Nesse momento, o filho adotivo conseguirá perceber e sentir que os laços do parentesco são criados tanto pelos laços de sangue como pelos laços afetivos.

Para Schettinni (1998), querer saber sobre as origens e suas raízes é uma necessidade na organização da personalidade. Para deixar essas questões de lado, a criança precisa preencher os dados objetivos e reais da sua biografia. Se os dados não existem, ela precisa encontrar, juntamente com seus pais adotivos, dados imaginados e fantasiados. Poder exercer a curiosidade e a imaginação ajuda no processo de luto pela perda do vínculo biológico. O apoio dos pais adotivos é importante para a reafirmação da afiliação afetiva. Se a família dificultar ou impedir uma busca concreta das origens, o filho adotivo poderá seguir sem o apoio da família. Se o filho desistir de perguntar sobre sua família biológica, o silêncio pode lhe trazer problemas e conflitos.

> Querer conhecer sua história, buscar contato com as origens, preenche grande parte da necessidade. Buscar na sua essência pode ter o significado de já ter encontrado, mesmo que não se chegue ao final da busca. (Schettinni, 1998, p. 101)

Observo no trabalho com grupos de pais que os mitos sobre a família biológica aparecem geralmente quando os pais fazem planos para a adoção e buscam a criança. Muitos pais adotivos desejam conhecer as origens do filho que está para ser adotado. Outros acreditam que, como a história pré-adotiva permanece lacrada nos registros, ela se apaga na memória, no inconsciente e na vida da criança. Para esses pais, o desejo é de que a história comece a partir do encontro dessa criança com os seus pais adotivos.

Entretanto, a criança precisa conhecer sua história pré-adotiva, assim como precisa conhecer também fatos que ocorreram ao mesmo tempo em que ela ainda não tinha chegado à sua família adotiva, tais como: a vida de seus pais adotivos antes de sua chegada à família adotiva; o casamento de seus pais adotivos; o tempo de espera da criança, a "gestação adotiva"; os anseios; as expectativas; o quanto ela foi desejada e, principalmente, sobre todo o investimento dessa família para ter um filho.

Assim como os pais viveram um tempo importante antes da adoção, a criança também, paralelamente, viveu seu tempo, seja no contato com sua mãe biológica, seja em uma instituição. Na minha experiência, tratar desse tempo com foco sob esse prisma traz para os pais adotivos, e para a criança, uma nova dimensão. Esse tempo, essa biografia, tanto o de seus pais adotivos, quanto o seu tempo em contato com suas origens, não pode ser esquecido ou mantido sob segredo. Trata-se de um tempo precioso, que precisou existir para que o vínculo afetivo e o vínculo adotivo pudessem ocorrer.

No atendimento terapêutico, enfatizo que a fonte de pesquisa sobre as origens da criança adotada é a própria família. O conteúdo dessa fonte é tudo a que a família teve acesso na época do processo de adoção sobre a biografia da criança e sobre a família biológica. Ao longo da sua vida, a criança poderá apresentar várias perguntas por curiosidade, entre elas: o porquê de seus pais biológicos não terem ficado com ela; onde estaria sua família de origem; se tem irmãos, se existe o risco de que sua mãe ou pai biológico a procure; se a mãe adotiva ficaria triste se um dia ela desejasse conhecer essa "*outra família*"; saber sobre o lugar em que ela ficou até ser adotada; o porquê de seus pais adotivos não terem podido ter filhos; como a encontraram; como foi a adoção; como foram os primeiros dias dela na sua nova casa, e tantas outras dúvidas e fantasias que a criança possa ter.

Revelar as origens é tarefa dos pais adotivos, à medida que a família esteja preparada para contar e a criança para ouvir. É importante reforçar que a família adotiva esteja ciente de que o trabalho de preencher as lacunas da biografia não inclui, e nem exige, a busca e aproximação da família de origem.

No trabalho com as crianças e com os adolescentes que não sabem sobre a sua história, observo que, de alguma maneira, eles desconfiam, percebem ou descobrem o mistério que cerca suas vidas. Se os segredos persistem, eles podem apresentar dificuldades na aprendizagem e na capacidade de análise e reflexão. Trazem temas que envolvem mentiras, segredos, insegurança e uma curiosidade bloqueada. Contudo, o mais importante é um saber não autorizado, em que a história não revelada está latente, inconsciente e precisando ser contextualizada.

A revelação das origens dá um sentido e conecta dados de realidade às fantasias sobre a história. As crianças de alguma maneira sentem que algo misterioso ronda suas histórias, percebem lacunas vazias, as quais vão sendo preenchidas à medida que são informadas sobre o que se passou com elas antes da adoção. Com a revelação das origens, a família demonstra alívio quando pode contar o que sabe da biografia da criança e oferece ao seu filho a oportunidade de preencher as lacunas da sua história, tanto no real quanto no imaginário.

Com certeza, a situação se modifica quando analisamos a circunstância de adoção tardia, pois elas já possuem, de certa maneira, registros conscientes e recordações sobre sua vida pré-adoção. Essas informações podem ser verdadeiras ou confusas, por isso mesmo deve-se redefinir, recontar a história, deixando sempre o espaço aberto para futuras indagações. É importante assinalar que a curiosidade da criança se modifica de acordo com o seu crescimento e desenvolvimento psicossocial.

Esse espaço na convivência familiar é um estado de total disponibilidade e abertura para ouvir e responder às questões que possam surgir, e isso não se fecha após a revelação. Trata-se de um espaço permanente, o qual se modifica com as circunstâncias da vida.

> Só quem pode crescer rodeado de realidades não ocultadas, e verdades que não ferem nem amedrontam, poderá ir construindo sua própria biografia, ser seu historiador. Dessa forma, sua estrutura ética será o sustentáculo de sua saúde mental. (Videla, 2001, p. 179)

Segundo Hartman (1994), as pesquisas americanas relatam que não há muita informação sobre as famílias biológicas, pois seu silêncio é autoimposto. Elas lidam com a perda e, mesmo muitos anos depois, mantêm o fato em segredo por vergonha, culpa e pelo medo de serem condenadas pela sociedade. Entretanto, estão surgindo estudos que dão oportunidade para que mães biológicas possam expor as dificuldades pelas quais passaram.

Segundo Giberti (2001), não há dados sobre as mães biológicas, sobre suas características, suas razões, suas vidas. Para que uma mulher entregue seu filho para adoção, é preciso que ela, perante a lei, autorize a adoção. Muitas vezes, o profissional faz com certa rapidez a passagem da criança da família biológica para a sua família adotiva, como se as mães biológicas fossem provedoras de filhos para os outros. Elas vivem numa cultura do segredo e do silêncio, aprendem a se calar e a abrir mão de seus desejos. Com as mães biológicas jovens, a razão mais frequente da entrega de seus filhos é a falta de apoio familiar. Com as mais maduras, é o reflexo das condições de vida, como pobreza, violência doméstica e, principalmente, a falta de apoio do pai da criança e dos familiares. Um ponto fundamental para compreender a situação das mães biológicas reside no fato de que a invisibilidade da mãe biológica esconde o preconceito de que mulheres que entregam seus filhos não respondem àquilo que define sagradamente a maternidade.

Os pais adotivos apresentam dificuldade de buscar as informações sobre a origem biológica, como se, em não sabendo sobre essas mulheres, elas permanecessem na sombra. Surge então o mito de que saber dessas mulheres as tornam presentes, com personalidade, e talvez, mais próximas, podendo ameaçar as famílias adotivas.

> As mulheres que entregam seus filhos, ignoradas pelas estatísticas, não atendidas pelos serviços públicos, muitas vezes temidas pelos adotantes, denegridas por uma certa moral, incompreendidas por numerosos profissionais, exploradas por certas almas caridosas, estão presentes, de forma irreversível, em nossa sociedade. (Giberti, 2001, p. 182)

Estão surgindo trabalhos sobre as mães biológicas. Segundo Santos (2001), geralmente pergunta-se pouco a uma mulher que está decidida a entregar seu filho para a adoção. Na entrevista, tanto o entrevistador quanto os pais sentem-se constrangidos com as perguntas, como se elas representassem uma crítica a essa decisão. Nas pesquisas e nos questionários, elas se omitem. A autorização da adoção da criança perante um juizado coloca as mães biológicas em evidência e esse fato as assusta, o que poderia justificar uma das razões de tantas mulheres entregarem seus filhos para terceiros, intermediários, na marginalidade e no anonimato.

Encontramos muitas mulheres que, diante de alternativas oferecidas para que pudessem cuidar de seus filhos, não aceitam as propostas. Elas não desejam a maternidade e preferem passar essa incumbência para outras mulheres. Há aquelas que escolhem com quem a criança deve ficar. Muitas mães biológicas, na sua vida pregressa, escondem a sua história de seus pais, de seus maridos ou filhos, de que um dia entregaram uma criança para adoção.

O ato consciente da entrega pode ser redefinido como um ato de amor, afastando a ideia de que uma "mãe de verdade" não desiste de seu filho. É importante salientar que os verdadeiros vínculos parentais passam pelo afeto e pela construção da vida em família. Quando os pais adotivos puderem se certificar dessa premissa, a mãe biológica deixará de ser evitada e excluída, podendo até se aproximar para manter contatos eventuais.

> Essa cultura entende finalmente que o ser humano tem uma capacidade inesgotável de surpreender a história, a ciência e, felizmente, desafiar mitos e dogmas. (Santos, 2001, p. 196)

De acordo com Souza (2001), o trabalho sobre as mães doadoras, mulheres na faixa entre 15 e 30 anos, levanta as razões que essas mulheres têm para entregar seus filhos para a adoção, como: a falta de apoio familiar, problemas financeiros, desejo de que o filho tenha melhor condição de vida, falta de estrutura e amparo psicológico, falta de emprego ou qualificação profissional, carência, medo do preconceito contra a mãe solteira, abandono do pai da criança e pressão em geral.

Algumas dessas mulheres se arrependem, mas o remorso é atenuado com a esperança de que o filho esteja integrado em uma família adotiva. A mãe doadora não abortou, não permitindo que o filho nascesse. Entretanto, a mulher que entrega seu filho para adoção é rejeitada socialmente, enfrenta preconceitos, críticas e dificuldades. O momento da separação é vivido com dor. A mãe biológica, anônima, será esquecida e, diante do medo de ser rejeitada, guarda seu segredo por vergonha. A maioria delas teme um encontro futuro com o filho biológico por medo de não ser compreendida, de ser discriminada e por apresentar sentimento de culpa. Elas temem ser identificadas, pois ao reestruturarem suas vidas, preferem que ninguém saiba o que aconteceu no seu passado. Elas não acreditam que as pessoas possam entendê-las ou até perdoá-las. Muitas jovens, adolescentes, doam o bebê resultante de encontros casuais. Sem maturidade, sem amparo psicológico, elas mesmas precisariam ser adotadas. As mães biológicas preferem "amar a distância" como se assim pudessem esquecer que, ao não se sentirem acolhidas, não pudessem ter acolhido seu bebê (Souza, 2001).

Por outro lado, os pais também têm suas preocupações sobre a adoção e esperam pelos possíveis problemas com os filhos. Eles trazem para as consultas questões, cujo pano de fundo são mistério e segredo. É frequente os pais procurarem atendimento e no primeiro momento esclarecerem que se trata de uma criança adotada. Na entrevista terapêutica, eles colocam a adoção como queixa principal e se indagam se o passado não estaria influenciando o comportamento da criança. No trabalho terapêutico, a família percebe que não é a Biologia que garante a harmonia e, principalmente, que os traços hereditários são facilmente reconhecidos, que os laços afetivos são identificados no vínculo e no apego da família.

Verifico que a criança adotada demonstra ter pouco espaço para colocar suas questões e para ter as questões respondidas. Ela se desenvolve em um ambiente familiar repleto de tabus, segredos, crenças e preconceitos e passa a esconder sua fantasia e curiosidade. Ela se questiona sobre as razões de tantos segredos e o porquê de sua curiosidade aborrecer seus pais. Com frequência, o mistério sobre sua vida passa a fazer parte do seu imaginário, do seu inconsciente, gerando angústia e incerteza. Essas questões mal resolvidas e não elaboradas afetam sua identidade, personalidade e comportamento, podendo, nessas situações, gerar conflitos e sintomas. É importante salientar que a adoção não é a base do "problema", mas sim os seus mitos e segredos.

No atendimento de pais adotivos que buscam ajuda para a revelação, seja de adoção, sobre as origens, verifico que por mais que eles anseiem por uma indicação do momento "ideal", não existe dia certo, hora certa, nem mesmo ritual ou solenidade necessários. Nesse primeiro momento, a revelação, deve ser vivida na casa da família de preferência. Na preparação dos pais para a revelação, o importante é que eles estejam prontos para deixar o espaço aberto a fim de satisfazer a curiosidade da criança, no seu tempo, na sua hora e onde tiver que ser. O tema da adoção e das origens deve fazer parte do cotidiano da família.

Na opinião de Weber (2001), o diálogo dos pais adotivos com seus filhos sobre as questões das origens deve gerar confiança e reforço nos vínculos.

> (...) Mesmo que seja para conversar sobre o pouco que sabe, sobre o que não se sabe, sobre as angústias do conhecido e do desconhecido, sobre a tristeza do abandono sobre a alegria do encontro. (Weber, 2001, p. 25)

Segundo Santos (2001), para que a criança se desenvolva satisfatoriamente, é importante que ela não se sinta infeliz pelo fato de não ser "filho de verdade" do casal. Essa situação ocorre se algo similar é transmitido de alguma maneira ou de outra. Ela precisa se conhecer, conhecendo sua história de origem; precisa estar consciente do que aconteceu, tanto com sua família biológica, quanto com o que aconteceu com sua família adotiva antes da adoção. Se faltarem informações, esse dado deve ser enfrentado com serenidade. Mas se os pais têm informações, sejam elas quais forem, devem ser fornecidas à criança no seu tempo e de acordo com a sua maturidade.

De acordo com Dell'Antonio (2002), os traços físicos refletem a origem biológica, mas a personalidade e o comportamento refletem os laços adotivos. O primeiro passo no tratamento da criança adotada é propiciar a ela o encontro entre sua identidade biológica e adotiva. No tratamento da família, a expressão dos medos, por si só, não deve ser entendida como patogênica. A rigidez do casal frente a esses medos deve ser trabalhada, possibilitando-lhes a busca por uma maior flexibilidade na sua visão de mundo e nos seus mitos sobre a adoção.

> A história passada da criança representa uma parte peculiar de sua identidade que não pode ser anulada. O filho adotado demanda que essa história seja aceita e integrada à nova ligação afetiva. (Dell'Antonio, 2002, p. 239)

De acordo com Paiva (1997), a descoberta e a revelação dos segredos referentes à adoção e às suas origens pode significar o início de uma série de outras questões, as quais devem ser abordadas pela família. Esse momento representa o processo de co-construção da identidade do filho adotivo. O trabalho terapêutico deve ser priorizado junto aos pais, que precisam rever sua trajetória para que consigam expressar momentos anteriores à adoção. Isso porque os pais dificilmente conseguirão favorecer a compreensão da biografia da criança, se eles próprios ainda possuem dificuldades sobre sua história pessoal.

> Nem sempre a revelação implica em um alívio ou fim de uma situação desgastante. Quando vivenciada sob forte impacto, pode dar origem a uma longa trajetória de reconquista da confiança e validação do conteúdo revelado. (Paiva, 1997, p. 39)

Nos trabalhos clínicos com crianças adotadas e nas terapias familiares observa-se que a adoção é, muitas vezes, referenciada como sendo um "caso de adoção", assim como são os casos de outras patologias. Encontramos profissionais que consideram que a criança, por ter sido adotada, traz inegavelmente muitas dificuldades e sintomas, comprovando que os mitos permeiam o tema da adoção. É importante analisar como eles se colocam frente às origens na adoção, aos mitos e segredos e quais são os seus valores e conceitos. Os terapeutas investigam os conflitos intrapsíquicos da criança em relação ao abandono e à rejeição. Entretanto, determinados pontos devem também ser investigados, como a análise da influência dos mitos e segredos sobre a adoção e a origem biológica na família adotiva. Os terapeutas de família devem estar atentos aos mitos, aos segredos e aos vazios de informação, pois, em geral, os dados são escassos e incompletos.

De acordo com Paiva (1997), existem momentos em que surgem conflitos sobre manter ou não uma situação em sigilo sem colocar em risco a confiança dos pacientes. O terapeuta deve verificar na sua história pessoal e na sua visão de mundo, como se posicionar do ponto de vista ético e humano. As ressonâncias das questões da família sobre o *Self* do terapeuta devem ser investigadas, possibilitando o desenvolvimento da competência do terapeuta e no uso de sua pessoa como instrumento de trabalho.

A história da criança, a sua biografia e a dinâmica da família devem estar no foco do tratamento terapêutico. No trabalho com as origens e a revelação das questões que envolvem o tema da *adoção*, tanto o indivíduo adotado quanto seus pais constatam que as fantasias têm um efeito muito mais comprometedor do que a realidade e que o *stress* em guardar um segredo é muito superior ao segredo em si.

4

O RECURSO DO GENOGRAMA NA FAMÍLIA ADOTIVA

NESTE CAPÍTULO, PRETENDO SISTEMATIZAR O USO DE UM RECURso para elaborar o mapa da família adotiva e incluir a origem de seu filho. Esse mapa, chamado pelos terapeutas familiares de genograma, é muito utilizado no trabalho com famílias. Nos processos de adoção há uma utilidade essencial, pois permite a representação gráfica do sistema biológico, antes invisível.

Segundo Nicola (1998), os terapeutas reconhecem que a história da família é construída a partir das memórias, dos mitos e de todos os acontecimentos ocorridos ao logo dos anos, por meio dos símbolos compartilhados de lugares ligados afetivamente.

> Esta geografia mental, tanto literal como figurativamente, nos mantém no lugar. (Nicola, 1998, p. 90)

O genograma é um instrumento que fornece um esquema da estrutura da família e de questões importantes sobre as relações nos diversos planos ao longo das gerações. Organiza as grandes etapas do ciclo de vida familiar, além dos movimentos emocionais a ele associados. Originou-se na antiga e conhecida árvore genealógica, desenvolvida como uma estrutura conceitual para estudar como as pessoas se organizam dentro das famílias, de acordo com sua geração, idade, sexo e outros fatores (Andolfi, 1994).

É um modelo para o desenho da família que distribui informações sobre os membros da família e seus relacionamentos por, pelo menos, três gerações. É uma rica fonte de hipóteses na busca do entendimento de como uma questão pode ser conectada ao contexto da família. Analisa pontos encobertos, conscientes ou inconscientes, fantasmas e segredos e, principalmente, as fantasias que podem estar bloqueando mais diretamente a família (McGoldrick & Gerson, 1985).

Existe uma regra exata sobre como fazer um genograma. A maneira de buscar as informações e de como gravá-las vai depender do estilo pessoal do pesquisador. Ao longo dos anos vem sendo sistematizada a construção do genograma com símbolos, códigos e linhas que podem ser identificadas pelos terapeutas de família. A terapia de família é geralmente uma intervenção terapêutica multi-geracional, facilita a memorização de questões ou problemas que se repetem ao longo das gerações e fornece um resumo eficiente dos padrões de relacionamento em potencial (Haber, 1994).

Veja, a seguir, o formato do genograma (McGoldrick & Gerson, 1985; Carter & McGoldrick, 1995).

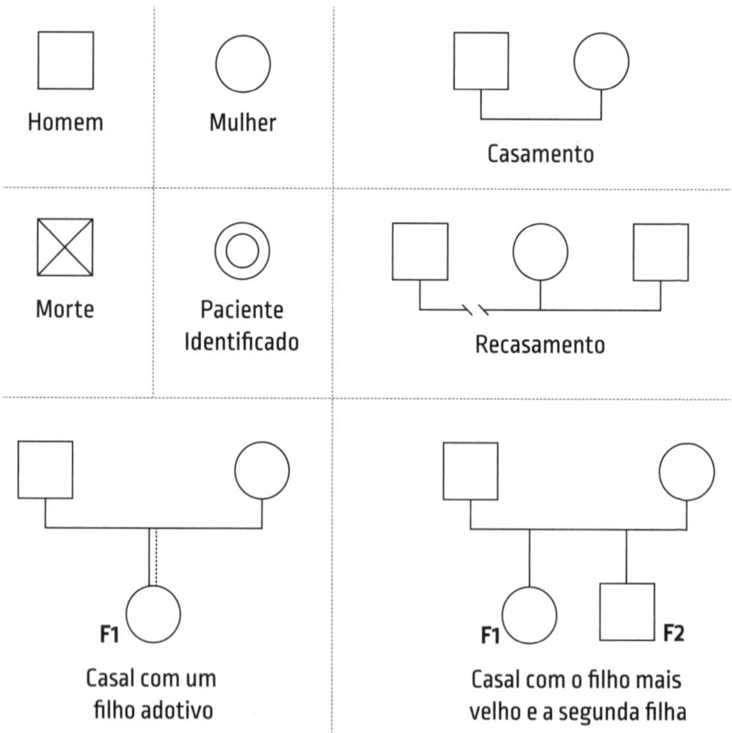

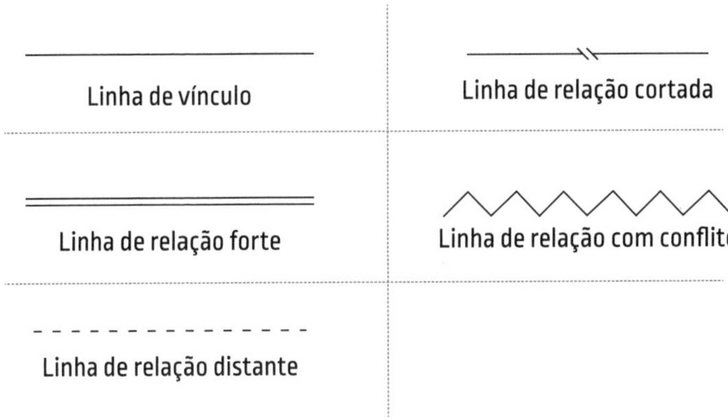

Veja no gráfico a seguir o exemplo de um genograma trigeracional de uma família adotiva. A família de origem da filha adotiva (**F2**) e a instituição do filho adotivo (**F1**) estão representados no genograma.

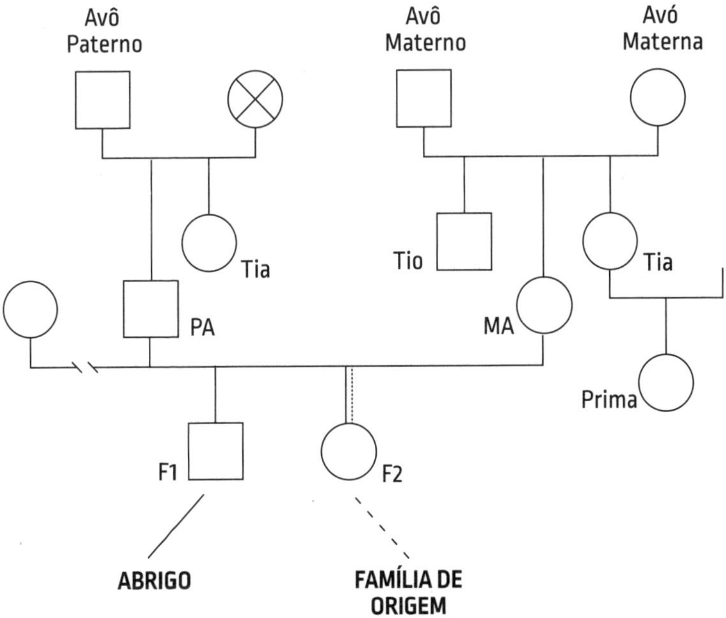

No gráfico a seguir, veja a representação da tríade adotiva.

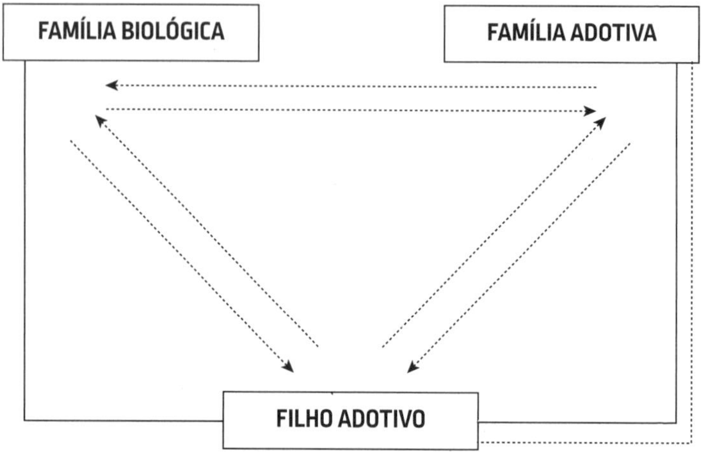

O genograma é construído em uma primeira entrevista ou em sessões posteriores, sendo um importante instrumento ao longo do processo terapêutico. Ele fornece uma visão histórica de como a família enfrenta os eventos críticos e, particularmente, as mudanças no ciclo de vida. Algumas questões podem ser redefinidas levando em consideração a interpretação do mapa na sua relação com todos os sistemas envolvidos.

A anamnese tradicional é muitas vezes uma tarefa de difícil execução, pois questões delicadas surgem de forma clara ou camuflada. O genograma auxilia certos temas que exigem muita sensibilidade por parte do terapeuta, esclarecendo questões inconscientes e características patológicas, a favorecer a elaboração de hipóteses e recursos para o trabalho. Identifica como determinadas situações se repetem e como as interações tendem a ser recíprocas e padronizadas. A família tem a oportunidade de observar, por meio do desenho, como padrões de relacionamento na geração prévia propiciam modelos implícitos para o funcionamento da família na geração seguinte.

Esse rico mapa gráfico sobre os relacionamentos permite uma reconstrução estruturada da história da família. Sua interpretação abrange muitas áreas e o terapeuta pode focalizar, por exemplo, a estrutura da família, o ciclo vital, os eventos importantes, os padrões repetitivos de relacionamento, os vínculos entre seus membros, além de buscar informações sobre o relacionamento das gerações passadas.

No genograma, a família é questionada sobre seus mitos e regras, sendo os padrões repetitivos compreendidos dentro do contexto circular – não linear, e não de causa e efeito. É importante a análise da causalidade circular, na medida que os comportamentos não devem ser entendidos como causados por outra pessoa, e sim a partir de uma polaridade complementar.

> Em terapia familiar, (sic) circularidade é uma técnica de entrevista que permite que sejam levados em conta alguns fatores: a causalidade circular, as retroações da família às informações solicitadas, além da diferenciação dos membros da família. (...) Na medida em que os acontecimentos psicológicos raramente se produzem só uma vez, mas se estendem ao longo de uma certa duração e se emaranham com uma complexidade exasperante, este modelo circular costuma ser mais apropriado que aquele que abstrai artificialmente os acontecimentos da ordem temporal complexa da sua sucessão. (Miermont, 1994, p. 138)

Segundo McGoldrick, Gerson, e Shellenberger (1999), a coleta de informações sobre a história das gerações no genograma deveria fazer parte de todos os processos terapêuticos, na busca, na avaliação e na ajuda às famílias. O genograma é uma técnica, porém é muito mais que isso, representa o trabalho que o terapeuta desenvolve e compartilha com a família.

As crianças crescem em múltiplos *settings* quando seus pais se divorciam, morrem, recasam ou têm alguma circunstância especial que requer da criança viver por um tempo ou permanentemente em outro lugar. O genograma é um excelente recurso para avaliar a criança por meio do seu ciclo vital, levando em consideração os múltiplos contextos aos quais ela pertenceu, como abrigos e famílias substitutas. Nesses casos, a diversidade de constelações familiares torna difícil sua memorização. O genograma organiza, então, os diferentes contextos em que a criança pertenceu, o que ajuda na compreensão de doenças, traumas e outras perdas.

Segundo Nichilo (1996), o genograma trabalha com as informações sobre a história da família, que surgem, inicialmente, em forma de narrativa nas vozes daqueles que participam da entrevista, tais como: a cronologia, a história dos eventos, dos afetos e dos conflitos intrafamiliares. Ela propõe que, depois do genograma tradicional, o terapeuta trabalhe com o genograma *vivo*, de uma maneira tal que intensifique a consciência histórica e ative a consciência crítica sobre a influência materna e paterna.

O genograma *vivo* tem como objetivo a análise deste núcleo familiar, resultado do entrelaçamento desses dois sistemas. Ela avalia o cruzamento dos genogramas da família atendida e da família de origem do próprio terapeuta, auxiliando na diferenciação da sua família de origem, no alcance de um bom uso do juízo crítico e formativo e no desenvolvimento da sua competência.

Para Elkaïm (1998), o terapeuta constrói o mundo que supostamente descreve, a partir de suas próprias referências. O genograma identifica os impasses no atendimento de famílias e desenvolve a competência dos terapeutas em formação. Esse recurso identifica as ressonâncias no *Self* do terapeuta por meio da análise do cruzamento do genograma da família atendida e da família de origem do terapeuta.

> A primeira ferramenta do terapeuta é ele mesmo (...) Denomino ressonâncias as regras importantes para a história de diferentes protagonistas (...) esses elemen-

tos parecem ressoar sob o efeito de um fator comum, um pouco como um corpo que vibra sob o efeito de uma dada frequência sonora.(Elkaïm, 1998, p. 316-317)

De acordo com a experiência de Andolfi, Elkaïm e McGoldrick, o genograma é importante para a formação em terapia de família e para a supervisão de casos, desenvolvendo a competência profissional por meio da análise do genograma da família de origem do terapeuta. O genograma é válido para o trabalho com famílias em geral e como ferramenta na formação de profissionais no trabalho clínico, na medida em que levanta os impasses técnicos e pessoais dos terapeutas.

Com as famílias adotivas, o genograma auxilia na visualização da história da criança desde sua concepção, pois inclui a família biológica e a família adotiva. Com a representação dos dois sistemas envolvidos, o genograma da família adotiva se amplia. A família verifica que entre o sistema adotivo e o sistema biológico existe uma linha pontilhada que denota, na sua representação gráfica, um relacionamento distante. O mapa servirá de base para buscar o preenchimento dos vazios de informação, tanto no momento legal, no psicossocial e no familiar (Santi, 1984).

Na representação do genograma, McGoldrick e Gerson (1985) colocam que o foco dos pais sobre um filho adotivo propicia uma variedade de triangulações na relação da criança com seus pais. Em certo sentido, famílias com uma criança adotada são como famílias recasadas, pois existem dois sistemas familiares envolvidos: o adotivo e o biológico. Quando a família biológica é conhecida, a triangulação é nítida, mas quando não é conhecida, é possível triangular a ideia ou fantasia dessas pessoas. A criança no centro desse triângulo pode "jogar" o sistema adotivo contra o sistema biológico. Por outro lado, o sistema adotivo pode culpar os pais biológicos pelas dificuldades ou genes da criança ou se existem filhos biológicos, a criança pode rivalizar pela atenção dos pais, acontecendo uma competição entre a criança adotada e a biológica. Essas triangulações se tornam claras no genograma, e a família vê, com seus próprios olhos, a projeção de seu desenho e o lugar que ocupa, o que certamente influencia o seu próprio funcionamento.

As informações sobre a família biológica sejam elas escassas, vagas, fantasiadas ou reais, ocupam um espaço definido. A família sente-se acolhida para falar de seus temores e anseios sobre a adoção e a vida da criança antes de ter sido adotada. Na elaboração do genograma, os pais podem colocar seus medos sobre um contato com a família biológica e a criança pode falar sobre o desejo de saber sobre sua origem.

Verifica-se o grande medo dos pais adotivos de um contato com a família de origem, e isso faz com que muitas pessoas evitem uma adoção, ou aquelas que adotam evitam ter muitas informações sobre o que aconteceu com a criança e sobre os seus pais biológicos, como se o desconhecimento da história a protegesse de um contato com a origem. À medida que vai crescendo, a criança fantasia sobre suas origens, mas não se sente permitida a tocar no assunto, ou seja, o tema não é falado na família, entrando no rol dos mitos e preconceitos.

Elaborar o mapa com as informações que a família tem sobre a origem biológica da criança é uma tarefa fundamental, apesar de os pais adotivos evitarem entrar em muitos detalhes sobre sua história. O genograma auxilia na coleta de informações sobre a dinâmica familiar e nos mitos e segredos (Ladvocat, 1993, 1996, 1997).

Os dados históricos e qualquer que seja a informação devem ser registrados. É importante que as famílias percebam que esses dados, ao invés de serem ameaçadores, reforçam os laços afetivos com a criança adotiva. Entretanto, se essas informações são vagas ou inexistem, esse fato não exclui a possibilidade de trabalhar a origem da criança. No caso da falta de dados, aquilo que é imaginado ou fantasiado deve ser incluído no genograma. É importante representar a origem biológica, mesmo que nada se saiba, pois a criança irá sempre fantasiar sobre sua origem. Portanto, se os dados não existem na realidade, existirão na fantasia.

Com a representação do genograma, incluindo a origem biológica, a criança expressa mais livre e ludicamente suas fantasias. Os pais, por outro lado, entram em contato com suas próprias questões e são encorajados a elaborar mitos e segredos. Portanto, a investigação das fantasias ocupa um lugar relevante no trabalho clínico. Os dados concretos sobre a história servem como uma referência para preencher e completar essa história. Assim, a realidade se mescla à fantasia, surgindo uma história redefinida e construída por toda a família.

O desenho da história da família biológica permite que os pais falem sobre os medos de um possível encontro do filho com suas origens, esta a grande cena temida das famílias adotivas, que se não for elaborada, pode perdurar anos e anos. Esse recurso tem, então, um papel fundamental na avaliação e na prevenção de medos, dificuldades e futuros problemas. A família adotiva revela questões e segredos guardados há muito tempo, segredos, que na verdade, eram conhecidos de todos, mas guardados, pela crença de estarem selados por proteção a toda a família.

A representação da tríade adotiva inclui o sistema biológico, o sistema adotivo e o sistema nuclear do filho adotado. A partir dos mitos e segredos sobre a origem biológica, é possível alcançar uma redefinição da relação parental adotiva. Esse trabalho envolve alguns passos: criança legítima de pais legítimos falsos; criança legítima de pais naturais idealizados ausentes; criança adotada de pais adotivos desvalorizados e a aceitação emocional e integração de ambos os pares de pais (Kernberg, 1985).

A tríade adotiva, representada no desenho, revela uma maneira de estabelecer um contato íntimo e lúdico com a história da adoção. A família participa com empenho no desenho do mapa, na busca de mais dados e no trabalho de co-construção de uma história nova. Representa um recurso para contar e recontar a história da adoção nas suas diferentes fases. A criança pode, então, elaborar todo o processo de adoção, expressar seus sentimentos, dúvidas e questões e incluir fatos e personagens de sua história em seu sistema biológico, sejam eles reais ou fantasiados.

O genograma fotografa o núcleo familiar, registra os intercâmbios dinâmicos que acontecem entre seus membros, promove uma ligação entre os dois sistemas – o biológico e o adotivo –, contextualiza o adotado numa realidade histórica, analisa também a dinâmica entre os sistemas sociais e legais, como a instituição onde a criança ficou abrigada, as datas do período de pré-adoção e, principalmente, todo o percurso migratório desde o nascimento até a adoção.

> O genograma transforma-se, durante o processo terapêutico da família, em um instrumento dinâmico. (...) Como toda ação terapêutica dotada de eficácia, o manejo do genograma na dinâmica de uma terapia familiar, ou de um grupo de formação de terapeutas, supõe a apreciação matizada dos pontos de fragilidade das pessoas. (Miermont, 1994, p. 291-292)

Na prática clínica, utilizo o genograma no processo terapêutico para diversos fins como anamnese, investigação de questões importantes, e até como recurso lúdico. Por outro lado, trata-se também de um recurso poderoso para o terapeuta, pois a construção do genograma da sua própria família propicia a avaliação dos seus mitos pertinentes ao tema. É especialmente útil com famílias adotivas, pois integra a biografia da criança, desde sua gestação até a sua nova afiliação, pesquisando e abordando as questões referentes à adoção (Ladvocat, 1998, 1999, 2000).

5

CASOS CLÍNICOS

PARA ILUSTRAR OS ASPECTOS TEÓRICOS, QUATRO CASOS CLÍNICOS de famílias adotivas são apresentados. Para o trabalho terapêutico, o recurso do desenho do genograma registra as informações sobre a família de origem das crianças e as famílias adotivas. Para a manutenção da privacidade no relato dos casos, os dados foram alterados para evitar a identificação. E ainda, a autora recebeu dos membros adultos das respectivas famílias a devida autorização para publicação de suas histórias, que de qualquer forma estão protegidas e sob anonimato.

Simbologia dos membros da família:

MA – mãe adotiva

PA – pai adotivo

MB – mãe biológica

F1 – primeiro filho

F2 – segundo filho

RESUMO DO CASO I: ADOÇÃO INTRAFAMILIAR

Apresento o caso de uma mãe adotiva (MA) que adota um bebê (F1), uma menina filha de um parente da família do pai. Seis anos depois, (MA) busca atendimento pelos problemas com a filha (F1). O genograma colabora em dois momentos: Na revelação da adoção e da sua história paterna e aos 17 anos frente ao encontro com suas origens.

RESUMO DO CASO II: ADOÇÃO EM SEGREDO

Apresento o caso de um casal e sua funcionária que retorna à sua cidade e deixa o filho (F1) de 4 anos para ser "adotado" pelos patrões. Frente a morte da mãe biológica (MB), 40 anos depois, o casal busca atendimento temendo que o filho receba a herança sem saber da adoção. O genograma colabora na revelação do segredo e no acesso aos bens deixados em seu nome.

RESUMO DO CASO III: ADOÇÃO E DEVOLUÇÃO

Apresento o caso de um casal que no final do período de convivência solicita avaliação da menina (F2) de 4 anos com problemas de aprendizagem, inapetência, desobediência e mentiras. Temem a hereditariedade e efeitos da institucionalização. O genograma colabora na tentativa de aceitação da menina como filha, para a reversão do desejo de devolução ao Juizado.

RESUMO DO CASO IV: ADOÇÃO TARDIA DE IRMÃOS

Apresento um caso de irmãos biológicos, um menino adolescente (F1) com diagnóstico de psicose, e sua irmã (F2), abrigados por doença mental da mãe (MB). Os pais adotivos buscam terapia familiar para atender (F1) e para avaliar o desejo de (F2) em visitar o abrigo. O genograma colabora para elaborar a história das origens e reorganizar a dinâmica da família adotiva.

5.1. CASO I

MOTIVO DA CONSULTA

A mãe adotiva (MA) solicita atendimento pelas dificuldades de aprendizagem e comportamento da filha (F1) de seis anos. A menina chama sua mãe pelo nome próprio e não respeita a autoridade materna. A mãe (MA) demonstra seus receios por tratar-se de filha adotiva.

HISTÓRICO PRÉ-ADOTIVO

MA forneceu as seguintes informações: O pai biológico PB era casado e tinha uma filha. Mantinha relacionamento extraconjugal com uma mulher que engravidou. PB assumiria a paternidade e registraria a criança se nascesse um menino, pois desejava um filho homem. O irmão de PB, era casado e sua mulher não tinha filhos e concordaram em adotar criança, caso nascesse menina. Entretanto MA engravidou logo a seguir, desistindo da adoção. Meses depois, nasceu F1, não registrada por PB. Foi rejeitada pela mãe biológica, sofreu falta de cuidados básicos e sobreviveu pela ajuda dos vizinhos. MA sofreu aborto natural, separou-se do marido e pediu ao cunhado que trouxesse a menina, na época com 3 meses. PB comunica a MB que levaria a menina para adoção.

HISTÓRICO PÓS-ADOÇÃO

PB traz F1, que é registrada como filha legítima pela MA, sem paternidade declarada. A família adotiva de F1 é composta por MA, a avó adotiva e a madrinha. Na época, os demais parentes alertaram sobre os riscos da adoção da criança filha do ex-marido e, portanto, de um futuro encontro com as origens biológicas.

As três mulheres disputam os cuidados do bebê e se relacionam como se fossem "três mães" nas atenções com F1, que é um bebê inapetente, está abaixo do peso e não chora. Aos 4 anos, MA revela a filha o fato de ela ter nascido "do coração" e que a mãe da barriga não pôde cuidar dela e que o pai morava muito longe.

Na época da alfabetização, o pediatra confirma que uma menina adotada precisa de tratamento por ter chegado com três meses de idade, desnutrida, com constantes crises de herpes e desmaios de causa desconhecida. Inicia-se o atendimento da menina e, paralelamente, com a família. MA relata à terapeuta, que a adoção, em si, estava bem assimilada pela filha, porém tem dúvidas sobre as consequências da adoção no seu comportamento e estudos. Se ela poderia se desenvolver bem apesar do sofrimento nos seus primeiros meses de vida. A grande preocupação de MA é a possibilidade da MB, no futuro, buscar um contato com F1. E como reagiria a menina, o vínculo biológico se refaria pela força do sangue. E ao encontrar a mãe biológica, F1 abandonaria a família adotiva ?

Processo Terapêutico: Ocorre com F1 na idade de seis e que retorna aos 17 anos. A família é atendida mensalmente.

Nas sessões a mãe, tia e madrinha competem pelo amor de F1 e se esforçam em atender os seus desejos, pois consideram que F1 por ser adotada precisa, "ser compensada" pelos problemas de privação de amor. Elas relatam o medo de que PB ou MB queiram conhecer a menina ou peçam a guarda. Precisam suprir os problemas de rejeição de MB para evitar que F1 deseje conhecer suas origens.

O genograma representa, terapeuticamente, uma tentativa de elaboração da biografia de F1 desde a concepção. A partir do desenho a história, incluindo o processo de adoção e dados sobre as origens, a família pode falar sobre as funções familiares e o que precisa ser redefinido. O preenchimento das lacunas, inicialmente, acentua os medos, os mitos e os preconceitos. As informações pré-adotivas são registradas, ficando nítida a proximidade entre os dois sistemas, o adotivo e o das origens, apesar do esforço da família em torná-la distante. Por se tratar de uma adoção intrafamiliar, o nome do PB e de sua filha, portanto irmã de F1, estão inseridos no genograma, surgindo o medo de que no futuro a família do pai busque a criança. E, principalmente, em não se tratando de uma adoção legal, que a MB mova um processo para reaver a criança.

Os mitos sobre a origem levantam pontos importantes:

a. o mito sobre a origem biológica, sobre os laços de sangue, os traços de personalidade e tendências hereditárias. A gestação e os três meses em que conviveu com MB fazem parte da biografia pré-adotiva de F1. O mito de que conhecer a história pelo genograma é ameaçador é substituído pela constatação de que, pelo contrário, falar sobre os medos diminui a ameaça, os fantasmas podem ser transformados e enfrentados. O mito de que é o sangue que transmite os traços de personalidade é substituído pela constatação de que a menina possui muitas características da família adotiva;
b. o mito sobre o vínculo adotivo, no qual o vínculo afetivo salienta a forte influência da convivência com a família, que é na verdade responsável pela transmissão da cultura, das regras e dos padrões de relacionamento.
c. o mito da adoção redefinido como o elo entre os laços biológicos e os laços adotivos. O trabalho pode propiciar uma valorização da palavra adoção: ao invés de rejeitá-la, temê-la ou negá-la, a adoção é redefinida, pois une a menina à sua família adotiva.

No processo terapêutico individual, F1 comparece a duas sessões semanais acompanhada da madrinha. A menina tem muita dificuldade em permanecer na sala com a terapeuta. Muito ansiosa, desenha garranchos e palavrões e desce correndo para a sala de espera. A madrinha lança "olhares vitoriosos" contra a terapeuta. Na verdade, a família trava uma luta pela "posse" de F1, para protegê-la de todas as ameaças. Inicialmente, a terapeuta representa um perigo à família.

F1 corre pelo consultório, grita, tranca-se no banheiro e não se interessa por nenhum brinquedo. Demonstra medo em ser deixada e abandonada. O ego de F1 é frágil, desorganizado e com características esquizoides. Seu desespero, contra-transferencialmente, provoca na terapeuta a necessidade de provar que poderia ser uma "boa mãe/terapeuta" ou até impaciente frente as suas atuações. A menina faz desenhos à figura paterna de maneira difusa e fragmentada. A mãe "da barriga" joga a filha pela janela. A rejeição de MB, o risco de vida, a ameaça de morte e o abandono, todos esses aspectos são projetados nesses desenhos.

No final desse primeiro ano de tratamento, a mãe opta por férias e interrompe o processo. Passados alguns meses, MA resolve fazer uma nova tentativa, se comprometendo ela mesma em trazer a menina às sessões. MA, diferente da madrinha, vê o tratamento como importante para a filha que volta com mais curiosa com o material da sala. F1 aos poucos demonstra estar mais calma, embora ainda não goste de conversar. Ela cria uma brincadeira de "escolinha". As comunicações são feitas através dos "deveres e provas". Ainda sem poder emitir muitas palavras, ela sugere que a terapeuta se feche numa sala, aguardando ser chamada pelo interfone. Um convite é feito para que a "vizinha vá conhecer sua casa". São então introduzidas as vizinhas de MB, pessoas que cuidaram de F1 antes da adoção. No trabalho lúdico com F1, a brincadeira abre portas para que se tornem "amigas íntimas". E é por esse canal de comunicação que se estabelece o vínculo terapêutico.

O genograma nos casos de adoção é um recurso lúdico e F1 desenha as outras figuras de sua família, incluindo seus cachorros. F1 sente-se bem mais integrada à família, mas revela o medo de ser largada, jogada da janela, como representado em um dos seus desenhos. Ela cria uma história: "Em um castelo, viviam uma rainha e sua filha. Essa rainha só queria ser famosa e não tinha responsabilidade. Havia uma fada que queria tirar a rainha chata do trono, e realizou uma eleição que escolheu a fada como rainha. A ex-rainha fez as malas e foi embora, a filha ficou feliz. A nova rainha fez várias reformas para a paz no reino. A filha se deu muito bem com a nova rainha. Descobriram, na verdade, que ela era a verdadeira mãe".

Essa história é contada e recontada e mostra sempre a disputa entre duas rainhas pelo reino. Os personagens se envolvem em uma trama cheia de suspense, traição, filhos ilegítimos e competição. A novela é o jeito encontrado para F1 elaborar a adoção. As duas rainhas representam a imago biológica e a imago adotante e revelam sua biografia e origens.

A história de F1 é bastante confusa e o trabalho com o genograma visa integrar os vínculos biológicos e os adotivos. Os laços adotivos são reforçados e a menina pode visualizar no mapa familiar quem é sua "verdadeira mãe" – sua mãe adotiva. F1 faz muitos corações, passando a chamar sua mãe adotiva de "mãe". F1 melhora no rendimento escolar e social, passa a se alimentar bem, não apresenta mais a herpes facial e não demonstra insegurança e ansiedade.

A mãe, a avó, a madrinha, e a própria F1 estão suficientemente familiarizadas com o genograma. F1 olha o desenho e faz perguntas à mãe, que conta que F1 havia foi trazida por seu pai de avião. Sua história pode ser aos poucos contada e desenhada. As linhas coloridas chamam a atenção sobre o vínculo biológico e o adotivo. Os corações desenhados em azul representam a relação entre ela e MA. Na relação com MB as linhas estão na cor rosa. A menina recebe mais informações sobre a família do pai biológico, sobre o nome e a idade da irmã e também da MB. O que MA teme é a curiosidade sobre MB, mas para surpresa da família, o que interessa mais à menina é a informação sobre sua irmã, o que tranquiliza a família.

A mãe traz a hipótese de levar a filha em viagem de férias para conhecer a cidade onde nascera. A avó e a madrinha mostram-se temerosas desse contato, cujos medos são trabalhados em sessões com a família. Nas férias MA leva a filha para encontrar o PB e a irmã. MA pode restabelecer as relações com a família biológica paterna. De volta da viagem, as sessões são focadas nesse encontro tão temido. Com a evolução do trabalho terapêutico a família decide pela interrupção. É dito à família que talvez na adolescência F1 precise retomar algumas novas questões no curso de sua vida.

Caso I – Genograma na infância de F1

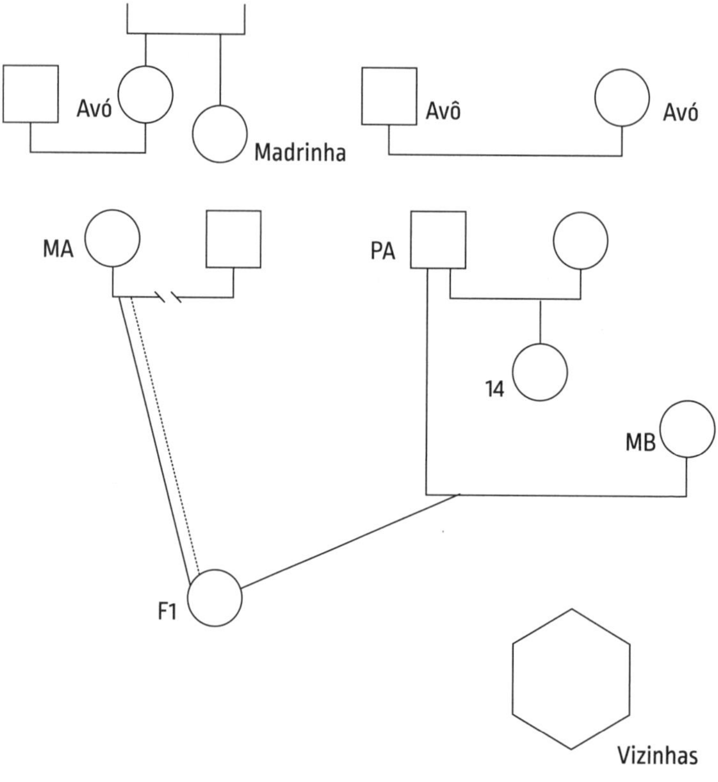

Retorno ao processo Terapêutico com a idade de 17 anos: A queixa de MA é sobre o seu comportamento de adolescente muito difícil, não quer estudar, não tem hora para chegar e não aceita limites. A mãe se preocupa com o futuro de sua filha. O tema da adoção, segundo a mãe, está bem resolvido.

Ela está curiosa sobre o genograma da sua infância. Ela recorda-se de como a adoção fez parte dos seus desenhos e da novela sobre as duas rainhas. F1 expressa surpresa sobre sua sensibilidade aos seis anos de idade nos desenhos nas cores azul e rosa. Ela tinha percebido, anos atrás, inconscientemente, que se tivesse nascido menino teria sido reconhecida por PB e provavelmente não seria afastada de MB. F1 sabe que o pai desejava um filho. F1 resolve refazer seu genograma, tendo com o desenho antigo como referência e relata a nova configuração de sua família paterna, com quem passou a conviver com os tios e primos. F1 conta que no aniversário de 15 anos estava na casa dos avós e ficou surpresa, pois seu pai havia registrado a filiação paterna na sua certidão. F1 demonstra afeto pelo pai e sente que ele sente o mesmo por ela. E relaciona-se bem com os avós e com a irmã e até com a mulher do pai. Sobre a MB, não tem e não quer ter nenhuma informação, mas fantasia sobre porque foi afastada dela. Fala que sua mãe deveria estar casada e talvez tivesse outros filhos. Não deseja encontrá-la, mas não sente mágoa, pois afirma que sua mãe verdadeira é MA, com quem vive desde bebê.

Na volta de suas férias, F1 relata que um dia na pracinha da cidade, MB se apresentou a ela e disse: "... ela não teve condições de criar a filha, que o pai a levou à força. Depois tentou se relacionar com ele para ter a filha de volta, mas depois desistiu. Sabia que a filha estava bem. MB ofereceu uma foto, não sentiu nada de especial, mas que para a MB deve ter sido um dia importante. F1 conta que guarda a foto e que não tem mais pensado sobre ela, pois sua mãe adotiva é a mãe verdadeira.

Muitas conjecturas haviam sido feitas sobre o paradeiro de MB. No genograma, os dados reais sobre MB passam a completar os dados fantasiados.

Caso I – Genograma na segunda fase do tratamento

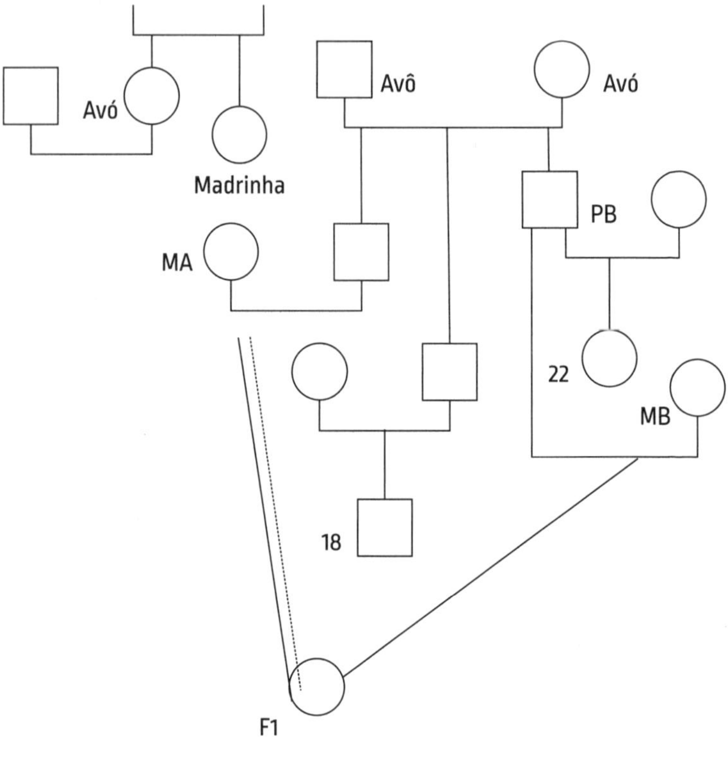

F1 conta que está namorando um primo de 18 anos, e ela própria fez o genograma dele. F1 diz que mesmo que tenha filhos biológicos, adotará no futuro uma criança. E que não gostaria de ter um bebê do sexo feminino. A terapeuta entende que esse fato é um reflexo de sua história, já que se ela fosse do sexo masculino, provavelmente teria sido criada pela mãe biológica.

Comentários: A reconstrução do genograma tanto na infância como na juventude propicia a elaboração de sua biografia desde o nascimento. As dificuldades escolares e de comportamento de F1 foram tratadas e a sua complexa configuração familiar foi elaborada. O trabalho com a família adotiva facilitou o encontro com o pai, que reconheceu a paternidade. F1 reage bem ao previsto encontro com a MB. A mãe bastante satisfeita decide pela interrupção do seu tratamento, o que F1 concorda.

Follow up: Anos depois, MA faz contato para contar que F1 está muito bem, convive com a família paterna, e não tem conflitos com sua família adotiva. Tem uma filha de 1 ano, vive com o pai da criança na casa de sua mãe e avó.

5.2. CASO II

MOTIVO DA CONSULTA

O casal procura ajuda para o atendimento de sua família e relata que F1, que já é adulto, não sabe que foi adotado. O pai é contra a revelação da adoção, pois acha que já se passaram muitos anos e não saberia a reação do filho ao saber da verdade. E acredita que revelar o segredo trará maiores problemas à família. A mãe é a favor de que seu filho tenha conhecimento de sua história e agora, principalmente, eles têm que falar sobre a adoção, pois será comunicado sobre a herança deixada pela MB que faleceu recentemente. Os pais buscam a terapia familiar, inicialmente sem o filho, por existirem muitos segredos: o fato de que a mãe biológica foi funcionária da casa e F1 se recorda dela, sem saber que se tratava de sua mãe e por fim, sobre a herança deixada em seu nome.

Os pais relatam que a MB teve o apoio dos patrões durante a gravidez. O casal se afeiçoou ao menino, tratando-o como filho. A funcionária precisava voltar à sua cidade. Na possibilidade de perder o contato com a criança, então com 4 anos, o casal pede para adotar F1.

Antes de partir MB entra em acordo sobre a passagem da responsabilidade do filho. O menino chamava MB de mãe, mas passa a chamar a dona da casa de mãe. MA assume os cuidados de F1 e MB, por outro lado, se afasta das suas funções de mãe. No aniversário de quatro anos de F1, MA tira fotos com ele no colo, enquanto MB permanece à distância. Esta festa é sentida pelos pais adotivos como se fosse o "nascimento" do filho. Na ocasião da partida de MB, dizem a F1 que a funcionária precisava viajar e resolvem que é melhor que ele esqueça a imagem de MB. Os anos se passam e os pais decidem nunca revelar os verdadeiros fatos. Quando F1 indaga sobre a funcionária, seus pais adotivos dizem que perderam o contato com ela. O segredo sela toda a sua origem e história de vida.

F1 se torna um rapaz inseguro, sem profissão definida, com problemas que os pais acreditam ser reflexo pelo abandono sofrido. Foram realizadas algumas sessões com os pais para a preparação dos pais para a revelação de tantos segredos. E para introduzir o filho na terapia familiar os pais comunicam a F1 que estão com problemas de relacionamento e pedem sua colaboração. F1 concorda, mas pede sessões individuais com a terapeuta. Ele traz sensações de sempre ter vivido com a sensação de algo misterioso na sua vida. F1 tem percepções inconscientes sobre a adoção, porém sem conhecimento da sua condição de adotado. Ele faz referência sobre seus traços físicos bem diferentes de seus pais. Traz as cenas junto a pessoa que ele acreditava ser a funcionária que trabalhava na casa, como uma pessoa querida de sua infância e da imensa tristeza com a sua partida.

Passados alguns meses de tratamento individual a F1 e de atendimento ao casal, os advogados do inventário aguardam um pronunciamento de F1. Os pais decidem então revelar a história da adoção. Na sessão seguinte, os pais se dizem muito aliviados e F1 coloca que se sente estranho e chocado, mas não muito surpreso. Ele diz que sua vida sempre foi um mistério e traz suas indagações sobre porque não contaram antes, como se ainda faltasse uma parte da história. O trabalho com o genograma se impõe para a construção da história secreta e o preenchimento das lacunas da biografia. F1 relata o quanto é importante poder entender tantas questões misteriosas que têm rondado sua vida. Os pais receiam não serem perdoados por terem convencido MB sobre a adoção, e que o filho depois de conhecer a família biológica não mais retorne a família adotiva. A família é acolhida nos seus temores, medos e mitos.

Caso II – Genograma da família adotiva de F1

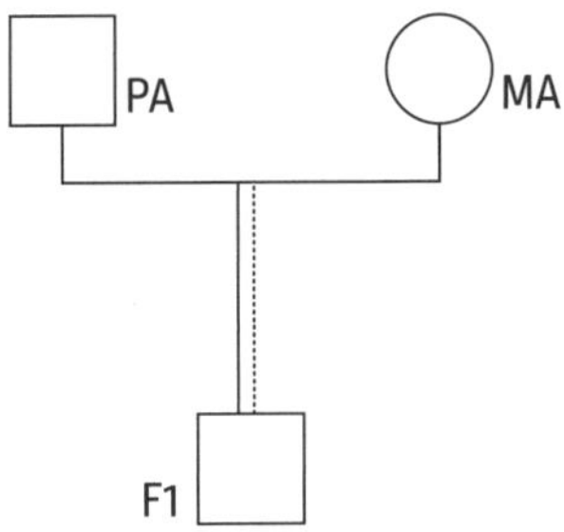

Enfim, F1 viaja para a sua cidade de origem. Os parentes de MB o recebem com muita festa, e revelam que MB nada falou sobre o filho, e antes de morrer contou sobre o filho entregue para adoção, pedindo que ele recebesse sua herança. A família materna mostra um álbum com fotografias desde seu nascimento até os quatro anos, que ela dizia ser o filho dos patrões. E ainda o informa sobre o paradeiro do PB. F1 telefona e se identifica, mas PB não concorda em encontrar com o filho. F1 fica desolado, telefona a terapeuta e pede ajuda para lidar com tanta tristeza. O retorno de F1 é comemorado pelos pais adotivos com alegria, pois temiam que ele nunca mais voltasse. F1 traz fotos e vídeos da família e se prontifica a manter contato. O genograma mais uma vez é retomado para preenchimento com os novos dados da família de origem. O atendimento de F1 segue por mais alguns anos.

Caso II – Genograma da família biológica de F1

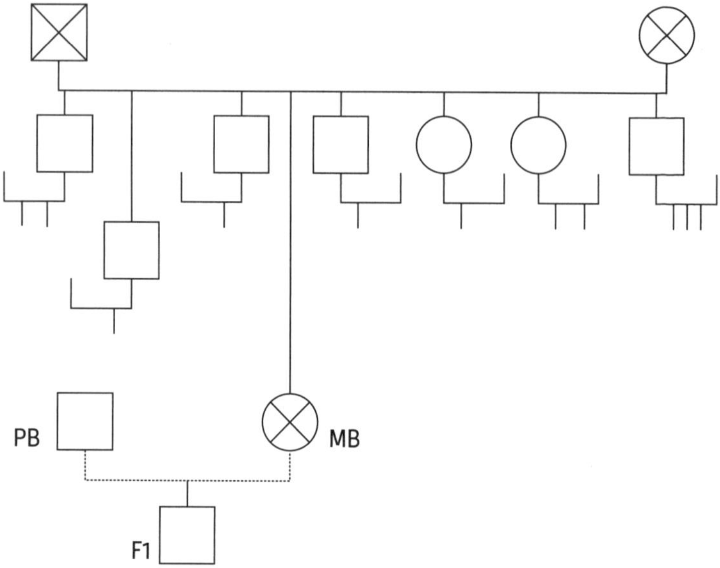

Comentários: Esse caso conta o drama de uma mãe biológica ao entregar o filho para adoção. Demonstra o caminho de um homem adulto na busca de sua história e no sentido de sua vida. Revela que o acesso à história pré-adotiva esclarece lacunas e preenche os dados da biografia. E, principalmente, confirma que o contato com as origens não abala os laços adotivos. A família retoma sua vida e reconstrói seu relacionamento em novas bases, sem segredos, sem mentiras.

Follow up: Alguns anos depois, F1 retorna ao seu tratamento, cujos problemas, nessa época já não mais são associados à adoção, nem uma possível revolta contra os pais adotivos.

5.3. CASO III

MOTIVO DA CONSULTA

Os pais relatam que, ao se casarem, planejaram ter 2 filhos. Tiveram uma primeira filha que pede aos pais que adotem uma criança. O casal se habilita a adoção e é encaminhado a um abrigo para conhecer F2, de quatro anos. Entretanto, não sabem se são capazes de enfrentar as dificuldades afetivas e escolares de F2, problemas com a alimentação, vômitos seguidos, esquecimentos e mentiras que persistem por muitos meses. Procuram um pediatra que diagnostica atraso no desenvolvimento, estatura e peso abaixo da idade, além de um quadro de pneumonia crônica.

Os pais já antecipam que antes de desistirem querem tentar todas as possibilidades de uma terapia. E alegam que a situação está afetando negativamente o seu casamento e a vida de sua filha biológica F1, de nove anos. Solicitam uma avaliação para identificar os sintomas, que na sua opinião, são consequências da história genética, do abandono e institucionalização. Na primeira consulta, os pais alegam que não conseguem lidar com os problemas de comportamento de F2, ela mente, desobedece, não respeita os pais e não sabe dividir nada com a irmã.

MA diz que a situação atingiu um grau insuportável, não aceita uma criança com má índole. Não se sente querida pela menina, que a confunde com MB. Queixa-se de que ela não cria vínculos, é carinhosa somente com pessoas estranhas. E diz que a menina traz carga genética que não corresponde aos valores da família. Coloca que o relacionamento do casal está muito ruim desde a chegada de F2. PA diz que a menina ao invés de trazer felicidade, traz problemas. E repara que a menina se interessa por bens de consumo e dinheiro e isso o assusta.

Na segunda consulta: comparecem o pai, a mãe, a filha biológica F1 e F2. F1 diz que os pais trazem F2 para a terapia porque ela vomita de propósito quando não quer comer. E diz que sempre quis uma irmã. E que antes os pais não podiam brincar com ela e agora tem uma irmã, mas não sabe como será quando tiver 14 anos, com uma irmã pequena mexendo nas suas coisas.

A terapeuta propõe o genograma para ajudar na reorganização da família, para a construção dos vínculos, com a inclusão do abrigo e da mãe biológica. F2 presta atenção no desenho e tem recordações vagas sobre suas origens. São levantadas questões sobre o antes e depois da adoção.

MA questiona o que existe de psicológico e o que é orgânico, e reconhece que espera muito de F2. O pai pergunta o porquê da alternância de comportamento, o que ela pode estar trazendo na sua genética. Respondo que F2 ainda está insegura quanto à sua adoção, precisa testar o amor da família. E que ainda está na fase natural de adaptação. E que o esquecimento pode ser por tensão e medo de não ser aceita.

Na terceira consulta, a mãe traz a menina, dizendo estão partindo de férias e será a última chance de F2 se integrar à família. A menina está animada com o material para brincar. Reage bem ao contato físico e é afetiva. Recorda-se do abrigo e diz ter saudades das tias.

Recebo um telefonema da professora, que ao saber que a menina poderia ser devolvida, diz que gostaria de adotar F2. Respondo que entendo que ela esteja sensibilizada e que ela não tinha desejo de ser mãe da menina e sim provavelmente proteger F2. Acrescento que ainda estou trabalhando com a família para evitar a devolução.

Na quarta e última consulta, os pais entram e dizem que a viagem foi um desastre, F2 não queria comer, o que comia vomitava, mentia e desobedecia. Relatam uma cena no quarto, que para eles marca o final das tentativas. F1 pede uma maçã e F2 diz que também quer. Eles duvidam que ela consiga comer. As duas meninas ganham a maçã, F1 come e entrega o caroço. F2 diz que comeu tudo, mas encontram a maçã inteira no lixo e por isso concluem que não existe nada de positivo nesse relacionamento. A terapeuta diz percebe F2 querendo gostar do que a irmã gosta. Mas não consegue comer a maçã e esconde para não decepcionar os pais. Eles concordam com a interpretação, mas dizem que tudo tem limite.

Os pais relatam que fazem as coisas básicas, como dar comida e levar ao colégio, mas se sentem derrotados. E que levaram mais de três anos para se decidirem pela adoção, e em sete meses estão desistindo de tudo. E relatam que F1 está triste, não sente amor por F2, está preocupada com o relacionamento dos pais e tem assistido a brigas que não existiam. Os pais se perguntam como seria na época da divisão da herança se a relação já está desgastada desde agora? A terapeuta pergunta o que eles próprios imaginam. E respondem que não haveria mais um casamento, F2 faria coisas maquiavélicas e fugiria de casa. E concluem que se antes ela não tinha uma família, se ficasse conosco acabaria sem ela, na mesma.

A mãe conta que F2 ganhou uma Barbie e a jogou fora. A terapeuta coloca que F2 não está acostumada a cuidar de suas coisas, pois tudo era dividido no abrigo, e que talvez ela projete o seu medo de ser jogada fora, já que foi rejeitada pela mãe e agora está frente à ameaça de não ser considerada filha. MA diz que o comportamento na escola é diferente, que a professora gosta de F2. E que F2 não tem afinidade com a família e é fria. A terapeuta diz que eles a conheceram, gostaram dela, e que nos primeiros meses a relação foi boa. MA responde que F2 gostou do conforto que nunca teve, gostou da casa e das coisas que ganhou.

PA diz que se não falar com F2, ela permanece no quarto e não fala com ninguém. A terapeuta responde que F2 ainda não aprendeu o que é viver em família e conversar. MA se preocupa com a índole da menina. A terapeuta responde que F2 viveu muitos anos no abrigo e pode aprender as regras familiares. A mãe diz que F2 imita a irmã e a terapeuta explica que F2 está tentando parecer com a irmã, que a imitação é sua tentativa de ser da família. O pai não entende o porquê a menina não parece achar ruim ficar de castigo. A terapeuta diz que talvez se sinta feliz de estar em casa.

MA diz que ela às vezes a confunde com a mãe biológica e que isso a irrita. A terapeuta diz que parece que F2 percebe a rejeição nas duas mães. MA diz que esperou muito dessa adoção, que queria outra filha, uma irmã para sua filha, mas que F2 não se encaixa pelos traços que não irão mudar.

Relatam sobre a decisão pela devolução e que F2 sabe que irá embora, não parece triste porque não criou vínculos. A terapeuta coloca que F2 deve sentir que irá voltar para o abrigo, e que talvez ela se sinta impotente por não conseguir comer a maçã. Os pais dizem que ela deve ter aprendido que não pode se comportar assim com uma família adotiva. E que a situação está causando discussões terríveis e que talvez alguém menos exigente poderá adotá-la. E que o traço genético é mais forte do que o adotivo. A terapeuta pergunta sobre o futuro dessa família. Eles respondem que logo vai voltar a ser o que era.

A terapeuta pergunta sobre os momentos bons dessa experiência, eles dizem que foi agradável e muito rico ter mostrado a F2 a vida, a praia e programas diferentes. A terapeuta diz que F2 está perdendo uma família e que os pais o sonho de uma família com dois filhos.

Os pais colocam que mesmo que a terapeuta não tenha diagnosticado problemas graves em F2, eles não conseguiram amar a criança, por isso acreditam que se ficassem com a menina, não estariam mais juntos como um casal. A terapeuta trabalha sobre o dia da devolução, o que os pais estão planejando, focalizando na perda, no luto e na frustração. Ao falar sobre a despedida da menina, os pais agradecem muito o trabalho terapêutico com a família, ficam emocionados e dizem que irão rever essa decisão. Mas, no dia seguinte, ligam para avisar que de fato estão desistindo da adoção e já marcaram a data da devolução de F2 a Vara de Infância.

Caso III – Genograma da família adotiva, incluindo a mãe biológica

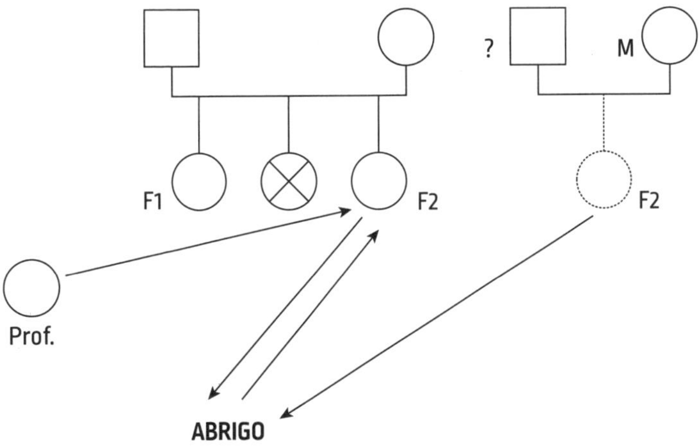

Comentários: A adoção é um ato irrevogável, entretanto a devolução de crianças é possível na guarda provisória, antes da sentença da adoção. A família idealizava uma criança obediente, carinhosa e, agradecida pela oportunidade em sua vida, mas essas expectativas não são atendidas. O casal não é flexível para acomodar suas exigências e não acredita que a convivência possa fortificar os vínculos. As queixas dos pais sobre os vômitos e as mentiras de F2 referem-se, possivelmente, a sua tristeza e ameaça de perder a família. Os mitos sobre as origens que os laços biológicos são mais fortes que os laços adotivos, são trabalhados na medida do possível. Entretanto as motivações dos pais encontraram barreiras na aceitação da menina como filha. Os pais colocam questões que são respondidas, mas buscam novos argumentos que os levem à conclusão já tomada antes da procura do atendimento – que o melhor para a família é a devolução da criança ao abrigo.

Follow up: No ano seguinte, em uma visita à instituição onde F2 esteve abrigada, a terapeuta pergunta sobre F2. A responsável relata que logo depois que F2 retornou ao abrigo, a professora conseguiu a sua guarda. Poucos meses depois, F2 foi devolvida novamente ao abrigo. Anos depois a terapeuta recebe a informação de que F2 foi adotada por família estrangeira e que estava bem no exterior.

5.4. CASO IV

MOTIVO DA CONSULTA

MA solicita terapia familiar para o atendimento da sua família, com o filho adotivo de doze anos (F1) e filha adotiva de oito anos (F2) que são irmãos biológicos. MA diz que se preocupa muito com (F1) que vem apresentando comportamento problemático há alguns anos e está em psicoterapia individual. Ela e o marido precisam de acompanhamento para lidar melhor com as suas dificuldades.

Na primeira entrevista, a mãe adotiva (MA) comparece sozinha e conta que o casal optou pela adoção de crianças em abrigo. E souberam da MB que vive em situação de rua, é doente mental e, a cada gestação, o filho é encaminhado ao abrigo. O casal então adota F1 e anos depois sabem de sua irmã, uma menina de dois anos, abrigada desde seu nascimento, sem nenhum contato com MB e disponível para adoção.

Os pais estavam a par dos sintomas de F1 e acreditavam que, ele poderia ter desde cedo toda a assistência necessária. F1, aos dez anos, apresenta irritabilidade e agressividade e inicia tratamento psicoterápico, neurológico, psiquiátrico e acompanhamento pedagógico, com o diagnóstico de psicose. F2 tem algumas dificuldades como insegurança e ciúmes e pedidos constantes de visitar o abrigo.

A família deseja a investir na terapia familiar e coloca sua preocupação com o futuro do filho nos estudos, com uma profissão, com amigos e na vida em geral. Na semana seguinte MA avisa sobre o adoecimento do marido, e dias depois sobre sua morte. MA está em luto, deprimida, mas decidida a seguir sua vida e comprometida no cuidado dos filhos, solicitando a continuidade do processo terapêutico.

Na entrevista com a família a consulta é dedicada a esse difícil momento de luto. MA procura se inteirar das finanças, antes atribuídas ao marido. F2 chora por saudade do pai, pede explicações sobre a morte. MA está preocupada com os problemas apresentados por F1, que não fala sobre seu sofrimento pela perda do pai. E está tentando superar a ausência do marido e com esperança de que a terapia irá ajudá-la com seus filhos. A terapeuta propõe o Genograma com o desenho da família. MA conta aos filhos a sua história, que cuida dos pais idosos, da irmã falecida e que é apegada a sobrinha, que tem um filho pequeno. F2 sente muitos ciúmes do carinho da mãe com essa criança.

Nos primeiros meses, é realizado o trabalho de reorganizar a configuração familiar com a morte do pai. MA precisa trabalhar mais para garantir o padrão de vida da família. São utilizados no Genograma recursos lúdicos no espaço terapêutico. MA está insegura, pois precisa dar muito carinho e atenção aos filhos pela morte do pai.

Caso IV – Genograma da Família Adotiva de F1 e F2

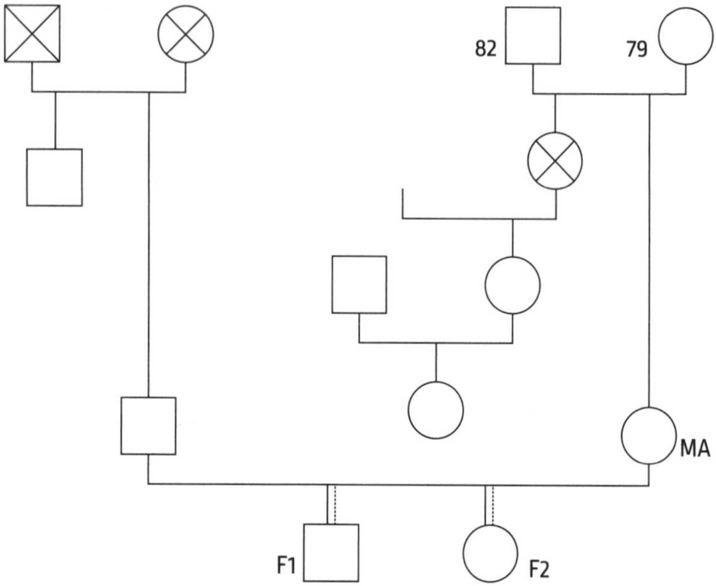

No final do ano a família se encontra mais fortalecida, vem superando o luto e retomando sua vida. No genograma, o abrigo é incluído no desenho, MA traz questões importantes sobre a biografia das crianças que precisam ser conversadas sobre o processo de adoção, a instituição que abrigou todos os filhos da MB por conta da sua doença mental, o irmão mais novo adotado por família em cidade vizinha. As crianças prestam atenção e fazem perguntas.

MA conta que MB teve seis filhos com homens diferentes. O homem que parece ter sido o pai biológico da filha mais velha cuidava da MB. Ele providenciou para que duas filhas tivessem guarda de suas irmãs. Nada se sabe sobre o menino mais velho. O menino mais novo foi adotado por outra família em uma cidade perto. F1 e F2 pedem a mãe para conhecer a MB, que dá uma resposta afirmativa. E para o alívio de MA, logo dizem que não fazem mais questão de encontrar a mãe.

Família Biológica e Adotiva de F1 e F2

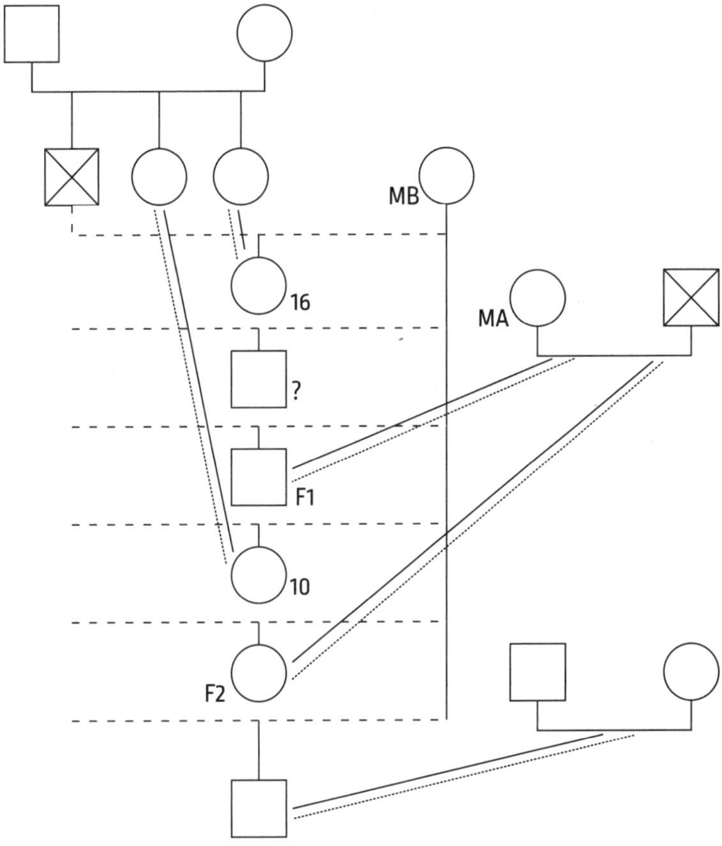

MA conta a F1 sobre a doença mental da MB e que teve que ser afastada do convívio com os filhos. E por isso ele tem terapeutas e médicos cuidando dele desde pequeno. De acordo com sua capacidade de compreensão sobre sua saúde, F1 entende as preocupações da mãe sobre sua maneira de interagir e espontaneamente, promete que vai colaborar nos tratamentos. Ele tem curiosidade sobre os irmãos, mais especificamente o mais novo, com quem gostaria de manter um contato. MA se prontifica a marcar uma visita com a família que o adotou.

MA relata que sabia que teria problemas com o filho, entretanto não previa que não teria o marido ao seu lado. Ela está preocupada com o comportamento agressivo de F1 que se agrava. Pelos seus problemas de relacionamento, a escola sugere um horário alternativo para evitar o encontro com seus colegas. MA procura ajuda no conselho tutelar e faz um apelo à Justiça, como se sua responsabilidade materna devesse ser autorizada pelo Estado, ou cuidada pelo órgão de abrigamento que um dia o acolheu. Passa a ser avaliado os deveres e direitos do seu papel materno e tratada a sua dificuldade em assumir sua competência.

Sobre F2, MA expressa seu sentimento de culpa pelos anos que ela permaneceu no abrigo, antes da adoção. MA relata que tinha a fantasia de que a filha não quisesse perder o contato com as pessoas do abrigo, pois quando chega lá não quer mais ir embora. MA prefere que a filha esqueça o abrigo. F2 conta sobre sua saudade das tias do abrigo com quem convivera por quase 3 anos pode ser expressa. MA concorda em retornar ao abrigo e F2 sente-se orgulhosa em passear e sair de mãos dadas com sua mãe. Depois da visita, ambas ficam bem e podem conversar sobre os sentimentos que estavam interferindo no relacionamento das duas.

É feito um levantamento na família de MA, e sua sobrinha passa a participar da terapia familiar. A situação financeira demandou mudanças e tiveram que interromper a terapia familiar. A terapeuta se colocou disponível para uma adaptação e adiar o trabalho do genograma à medida que surgirem novas questões.

Comentários: A família é tratada no seu movimento de retração, com a morte do pai e incentiva na sua evolução natural. Os sentimentos ambíguos como o preconceito, curiosidade, o receio sobre o encontro com as origens, ou mesmo o teste do amor materno, mostram não necessariamente que F1 e F2 desejam concretamente o encontro com a família biológica.

Follow up: A terapeuta recebeu informações da MA sobre a dinâmica da família mais estabilizada. Os demais tratamentos puderam ser mantidos. F1 está medicado por psiquiatra que o acompanha, é atendido semanalmente por psicóloga e tenta uma vaga em um novo colégio.

6
CONSIDERAÇÕES FINAIS

ESTE TRABALHO TEVE COMO OBJETIVO PRINCIPAL ESTUDAR OS mitos sobre a origem da criança na família adotiva. Surgiram variações acerca da maneira como a família adotiva concebe as origens da criança adotada – a qual apresenta que quanto mais o filho adotivo estiver distante das suas origens, menor é a interferência dos laços biológicos, e maior a sua integração na família adotiva. Junto aos pais foram abordados os receios quanto à revelação do segredo da adoção, quanto à história pré-adotiva e quanto ao vínculo consanguíneo.

Nos casos apresentados, pudemos verificar uma série de mitos. No primeiro caso, os receios que as dificuldades escolares da menina fossem os sinais de problemas decorrentes da adoção e o medo do encontro inevitável com a família biológica, que ocorreu na sua adolescência. No segundo caso, a recusa dos pais em revelar a adoção por medo de que a reação do filho ao segredo fosse a sua partida sem retorno ao encontro da família biológica, viagem esta que aconteceu sem que a relação com a família adotiva fosse rompida. No terceiro caso, sobre a interferência dos mitos em uma adoção tardia que impediram a adoção bem sucedida, resultando na devolução da criança ao abrigo. No quarto caso, o receio do contato dos filhos com sua história de institucionalização e doença mental da mãe biológica que reforçou o vínculo com a família adotiva, além da possibilidade do convívio com outros irmãos biológicos adotados por diferentes famílias.

A história da adoção e as questões da hereditariedade foram discutidas, bem como as novas configurações familiares que vêm tomando lugar nas últimas décadas a partir da evolução da medicina. A busca de homens e mulheres pela gestação biológica mostra como a questão da consanguinidade atravessa a história, contextualizando os mitos na adoção. A parentalidade biológica ainda é valorizada em detrimento da adotiva. Entretanto, os depoimentos de famílias adotivas em diferentes situações mostram que a paternagem e o parentesco se constroem na relação familiar e que os laços afetivos são tão fortes quanto os consanguíneos, pelo menos no que se refere à vida em família. Na verdade, podemos verificar que os receios sobre a herança biológica afetam tanto os pais adotivos quanto os biológicos. O fator preponderante que diferencia uma família da outra é o mito sobre a adoção. E junto desse mito, surgem várias questões correlatas, como segredos, crenças, profecias e preconceitos – demonstradas nas discussões clínicas.

Para os pais adotivos, a crença de que os laços consanguíneos são mais fortes que os afetivos foi trabalhada no processo terapêutico. Por meio do relato de casos, foi mostrado que o acesso às informações sobre as origens ou o contato direto dos filhos com a família biológica não afetaram o vínculo desses filhos com a família adotiva. O genograma auxiliou os pais a terem parte ativa no processo de construção da identidade do filho e da própria família adotiva. Em um dos casos, os pais não deram oportunidade à filha, nem a eles próprios, para que fossem construídas as bases para um efetivo convívio familiar.

Para os filhos, os segredos e os mitos interferem no seu sentimento de pertencer à família adotiva, provocando questões não respondidas, o que foi demonstrado nos casos apresentados. Porém, o trabalho de revelação sobre as origens, por meio do genograma, auxiliou os filhos adotivos a completarem os vazios de sua biografia e história familiar, propiciando o resgate da comunicação funcional, restaurando as falhas de relacionamento.

Conforme observamos, o tratamento da família adotiva traz benefícios tanto para os pais, quanto para o filho adotivo. Os mitos familiares geralmente evoluem de uma geração para a outra e merecem a atenção da família. Um indivíduo criado em um contexto familiar, com mitos e segredos acerca da adoção, provavelmente desenvolverá seus próprios preconceitos sobre o tema.

O trabalho desenvolvido sobre o tema mostrou que a genealogia biológica tem vários espaços em branco e dados confusos que provocam conflitos na família adotiva. Quando o segredo impede a comunicação, as fantasias fazem parte do imaginário dos pais adotivos, assim como de seus filhos. Da parte dos pais ou dos filhos, questões surgiram em momentos diversos, apresentaram-se como claras, difusas, completas ou incompletas. Para aquelas que não tiveram respostas, a ausência de informações foi elaborada, não por ser segredo, mas por ser dado de realidade.

Pudemos verificar como é importante que o filho adotivo tenha acesso às informações sobre a história. O trabalho terapêutico teve como um dos objetivos desenvolver a competência da família para que os temas referentes à adoção possam circular, serem abordados e respondidos. Em todos os casos, as circunstâncias lembradas, esquecidas ou inexistentes fizeram parte da biografia da criança e, portanto, da história da família adotiva como um todo.

A biografia pré-adotiva merece posição de destaque, tanto no que se refere à vida da criança antes da adoção, quanto à vida dos pais na espera por essa criança. Esse espaço e tempo, simbolicamente registrados, passam a constar da história da família por meio da análise do genograma – um recurso de extrema utilidade, conforme demonstro no decorrer desse trabalho.

A construção do genograma apresentou-se como um trabalho para a família toda, auxiliando no objetivo terapêutico de estabelecer hipóteses e possíveis intervenções. A representação da origem biológica reforça na família adotiva a relação afetiva, permitindo que o tema da adoção fosse contextualizado.

O genograma da família adotiva, como verificado nos casos discutidos, é como um retrato da família, um desenho da biografia do indivíduo desde seu nascimento até sua colocação na família substituta. Suas linhas com a história nunca se perdem, representam o presente e se projetam no futuro. É um documento que pode ser acessado e atualizado na evolução do ciclo vital, sem a ameaça de que o passado pré-adotivo interfira no seu processo e sem que, necessariamente, o indivíduo tenha que, literalmente partir em busca da família biológica para entender sua história.

O processo terapêutico propiciou o levantamento de mitos, regras, crenças, fantasias e segredos ligados à adoção. Auxiliou a família na expressão de sentimentos, receios e fantasmas, reforçando os laços adotivos, na medida em que tem como meta não esconder ou negar os laços biológicos. Como foi demonstrado, esse trabalho envolve os três sistemas que estão ligados entre si – a tríade adotiva: a família biológica, a família adotiva e o indivíduo adotado.

Esse estudo enfatizou a indicação da terapia individual e de família, eficiente na grande maioria das vezes como trabalho preventivo e tratamento de questões conflituosas referentes à adoção. Nestas situações, se o indivíduo adotado puder se indagar e até fantasiar sobre suas origens, se puder pesquisar, desenhar e brincar com sua história, ele poderá encontrar dentro de si um lugar para a ausência de seus pais biológicos. E se seus pais puderem se colocar frente aos seus medos, fantasmas e mitos, eles poderão verificar que a convivência familiar tem mais poder do que a Biologia. Abrir espaço na família para se certificar sobre essa questão é uma tarefa difícil, porém saudável nas relações familiares.

É importante ressaltar ainda que, nos últimos anos, na prática de ensino e de supervisão, tenho utilizado o genograma para o estudo de casos no trabalho com famílias em geral, mas, principalmente, com aquelas que se deparam com mitos e segredos na adoção. Esse recurso propicia identificar as ressonâncias no *Self* do terapeuta através da análise do cruzamento entre o genograma da família atendida e o genograma do terapeuta que a atende. A continuidade do aprofundamento de um trabalho teórico sobre essa experiência prática constitui-se no meu objetivo seguinte.

Considero importante ressaltar a necessidade do trabalho junto aos pais aspirantes à adoção e do acompanhamento pós-adoção visando uma colocação bem sucedida da criança na família substituta. Desde o ano de 1966, data do I Encontro Nacional dos Grupos de Apoio à Adoção, esse movimento desempenha papel fundamental na tarefa de conscientização da sociedade para uma nova cultura da adoção, trazendo para discussão a situação das crianças e adolescentes em risco de perder ou privadas do direito à convivência familiar. Focalizando as crianças institucionalizadas, devemos privilegiar a reintegração dessas crianças às suas famílias de origem. Não sendo possível a reintegração, a criança deve ter seu direito à convivência familiar respeitado e deve ser adotada por uma família.

Finalizo minhas considerações finais ampliando o conceito sobre *adoção*, ou seja, reforçando que a criança deve ser *adotada* por sua família de origem, ou por uma família substituta. Verifico que, nas duas situações, quando os mitos são trabalhados, as famílias são beneficiadas e há a oportunidade de redefinir e transformar esses mitos em uma nova história compartilhada por todos da família.

REFERÊNCIAS

Andolfi, M. Il Triangolo come Unitá Minime di Obsservazione - *IN* Andolfi - *Il Colloquio Relazional* : 33-52 – Roma, Collana di Psicologia Relazionale, 1996.

Andolfi, M; Haber, R. *Please Help Me With This Family* – Brunner/Mazel, Inc, New York, 1994.

Andolfi, M.; Angelo, C. *Tempo e Mito em Psicoterapia Familiar*. Porto Alegre: Artes Médicas, 1989.

Andrei, E. Adoção, Mitos e Preconceitos. In: Freire, F. *Abandono e Adoção*, 41-50. Curitiba: Vicentina Gráfica e Editora, 2001.

Andrei, D. *Reencontro com a Esperança – Reflexões sobre a Adoção e a Família*. M&C Londrina: Paraná Gráfica, 1999.

Alvarenga, L. Adoção e Mitos Familiares. In: Féres-Carneiro, T. *Casal e Família, Entre a Tradição e a Transformação*, 164-173. Rio de Janeiro: Nau Editores, 1999.

Ariès P. *História Social da Criança e da Família*. Rio de Janeiro: Zahar Editores, 1978.

Brodzinsky, D; Schechter, M; Henig, R. *Being Adopted The Lifelong Search for Self*. New York: Anchor Books Edition, 1993.

Burlingham-Brown, B. *Why Didn't She Keep Me*. Indiana: Lanford Books, 1998.

Carter, B; McGoldrick, M. *As Mudanças no Ciclo de Vida Familiar*. Porto Alegre: Artes Médicas Ed., 1995.

Cemin. M. R. *Rituais: Novas Perspectivas para a Construção do Pertencimento em Famílias com Filhos Adotivos*. Monografia apresentada no Instituto da Família, Porto Alegre, 1999.

Cohen, N.; Coyne, J.; Duvall. Parent's Sense of Entitlement in Adoptive and Nonadoptive e Families, *Family Process*, vol 35, 1996.

Colajanni, C.; Castelfranchi, L. *Aprendere Dall'Adozione*. Roma: Il Pensiero Scientifico Ed, 1992.

Culloch, M. I. *Por Que Me Deixou?* Monografia Apresentada no Instituto de Psicanálise da Sociedade Psicanalítica do Rio de Janeiro, 1995.

Dell' Antonio, A. Algumas Reflexões sobre a Adoção Inter-Racial. In: Freire, F. *Abandono e Adoção*, 129-134. Curitiba: Vicentina Gráfica e Editora, 2001.

Dell' Antonio, A. O Casal Adotante. In: Andolfi, M (Org). *A Crise do Casal*, 233-248. Porto Alegre: Artmed Editora, 2002.

Dolto, F.; Hamad, N. *Destino das Crianças*. São Paulo: Martins Fontes, 1998.

Elkaïm, M. *Panorama das Terapias Familiares*. São Paulo: Summus Ed., 1998.

Ferreira, M. R.; Carvalho, S. R. *1º Guia de Adoção de Crianças e Adolescentes do Brasil – Novos Caminhos, Dificuldades e Possíveis Soluções*. São Paulo: Winners Editorial – Fundação Orsa, 2000.

Filoramo, L. O Fracasso de uma Adoção. In: N Freire, Fernando. *Abandono e Adoção*, 211-215. Curitiba: Vicentina Gráfica e Editora, 2001.

Freire, F. *Abandono e Adoção. Terra dos Homens*. Curitiba: Vicentina, 2001.

Giberti, E. A Família Biológica. In: Freire, Fernando. *Abandono e Adoção*, 175-186. Curitiba: Vicentina Gráfica e Editora, 2001.

Grotevant, H; McCroy, R; Elde, C; Fravel, D. Adoptive Family System Dynamics: Variations by Level of Openness in The Adoption. *Family Process*, June, Vol. 33, 1994.

Harkness, C. *The Infertility Book, Comprehensive Medical and Emotional Guide*. California: Celestial Arts Publishers, 1992.

Hartman, A. *Os Segredos na Adoção*. In: *Os Segredos na Família e na Terapia de Família*. Porto Alegre: Artes Médicas Ed., 1994.

Imber-Black, E. *Os Segredos na Família e na Terapia Família*, 94-111. Porto Alegre: Artes Médicas Ed., 1994.

Kernberg, P. Child Analysys with a Severely Disturbed Adopted Child. *International Journal of Psychoanalytic Psychotherapy*, Vol. 11, 1985.

Levy L. L (2001) Adoção: Da Criança Idealizada à Criança Real – IN Feres-Carneiro, Casamento e Família – Do Social à Clínica: 12-22, Rio de Janeiro, Nau Editora

Ladvocat, C. Vicissitudes no Manejo da Transferência com Crianças Adotadas. *Anais do 14º Congresso Brasileiro de Psicanálise – ABP*, Outubro 1993 – Boletim Científico da SPRJ – Vol. XVII, nº 2, 1996.

———. Sexualidade na Infertilidade – *Boletim Científico da Sociedade Psicanalítica do* RJ, Vol XVIII – nº 1, 1997.

———. Famílias Adotivas. *Boletim Científico da SPRJ* , Vol XVIII, nº 4. Anais do III Congresso Brasileiro de Terapia Família - ATF-RJ, 1997.

———. Focalizando a Adoção no Genograma de Crianças e Adolescentes e suas Famílias Adotivas. *Anais do III Congresso Brasileiro de Terapia Familiar* - ATF-RJ, 1998.

———. Adoção - Uma das Maneiras de Criar uma Família. *Boletim da Associação de Terapia de* Família, Ano 3, nº. 1, Janeiro/2000. Boletim da Associação Brasileira Terra dos Homens - Outubro, 2001.

———. A Adoção em Foco no Processo Terapêutico. *Anais do XV Congresso Brasileiro de Neurologia e Psiquiatria Infantil*, Setembro, 1999.

———. Pensamento Sistêmico e o Genograma. *Revista da Associação Brasileira Terra dos Homens* - ABTH, 1999.

———. O Abandono de Crianças - Trabalhar com Famílias - Por Que e Para Que - Boletim da ATF-RJ, Ano 3, nº 3, Setembro, 2000.

Melina, L. *Making Sense of Adoption.* New York: Harper Perennial Publishers, 1999.

McGoldrick, M.; Gerson, R. *Genograms in Family Assessment.* New York: Norton & Company, 1985.

McGoldrick, M.; Gerson, R; Shellenerger, S. *Genograms: Assessments and Intervention.* New York: Norton & Company, 1999.

Miermont, J. *Dicionário de Terapias Familiares. Teoria e Prática.* Porto Alegre: Artes Médicas Ed., 1994.

Maldonado, T. *Os Caminhos do Coração - Pais e Filhos Adotivos.* São Paulo: Editora Saraiva, 1997.

Nicola, V. *Um Estranho na Família.* Porto Alegre: ArtMed, 1998.

Nichilo, M. Il Genograma Viventi - Roma, *Terapia Familiare*, 52:69-78, 1996.

Paiva, L. *O Segredo na Adoção* - Monografia apresentada na Pós-Graduação em Psicologia Clínica da PUC São Paulo, 1997.

Renzi, C. *A Devolução.* In: Freire, Fernando. *Abandono e Adoção,* 205-209. Curitiba, 2001, Vicentina Gráfica e Editora, 2001.

Salzer, .L. Adoption. In: *Surviving Infertility.* New York: Harper Perennial Publishers, 1991.

Santi, G. *Adozione e Sistema familiare - Strumenti e Techiche di Valutazione.* Varese: Giuffre Editore, 1984.

Santos, L. Mulheres que Entregam seus Filhos para Adoção. In: Freire, Fernando. *Abandono e Adoção*, 189-196. Curitiba: Vicentina Gráfica e Editora, 2001.

Scharf, C; Weinshel, M. Infertilidade e a Gravidez Tardia. In: Papp, P. *Casais em Perigo*, 119-144. Porto Alegre, Artmed Editora, 2002.

Scheiner, G. *Roteiro para a Criação de um Grupo de Apoio à Adoção*. São Paulo: Cecif, 1998.

Schettinni, L. *Compreendendo os Pais Adotivos*. Recife: Edições Bagaço, 1998.

———. *Compreendendo o Filho Adotivo*. Recife: Edições Bagaço, 1998.

———. *Adoção, Origem, Segredo, Revelação*. Recife: Edições Bagaço, 1999.

Souza, H. *Adoção é Doação*. Curitiba: Juruá, 1999.

Sorosky, A.; Baran, A.; Reuben, P. *The Adoption Triangle*. San Antonio: Corona Publishing, 1989.

Tavares, J. *Comentários ao Estatuto da Criança e do Adolescente*. Rio: Forense Ed., 1997.

Toscano, M. *O que está por trás da Adoção*. Monografia apresentada no Instituto de Formação Sistêmica de Florianópolis, 1998.

Vargas, M. *Adoção Tardia*. São Paulo: Casa do Psicólogo, 1998.

Videla, Mirta. A Procura das Origens. In: Freire, Fernando. *Abandono e Adoção*,165-170. Curitiba: Vicentina Gráfica e Editora, 2001.

Villa, F. O desejo e a Necessidade. In: Freire, Fernando. *Abandono e Adoção*, 33-36. Curitiba: Vicentina Gráfica e Editora, 2001.

Weber, L. *Aspectos Psicológicos da Adoção*. Curitiba: Juruá Editores, 2001.

———. *Pais e Filhos por Adoção no Brasil*. Curitiba: Juruá Editores, 2001.

Yamazaki, T. Adoção Tardia e de Grupo de Irmãos. In: Freire. *Abandono e Adoção*, 89-90. Terra dos Homens – Curitiba: Vicentina, 2001. GENOGRAMA

RESUMO

O trabalho enfoca os mitos e segredos quanto à origem da criança adotiva, através da análise de um de seus principais mitos. Refiro-me à noção de que o acesso da criança a informações sobre sua origem estimularia sua curiosidade, interesse ou a busca pelo contato direto com a família biológica, o que ameaçaria o seu relacionamento com os pais adotivos. O genograma, um recurso que esclarece a biografia do indivíduo, pode ser igualmente utilizado para integrar os laços familiares biológicos e adotivos. Nesse segundo caso, a utilização de tal instrumento visa incluir, no genograma da família adotiva, dados acerca da origem da criança adotada, de forma a integrar as histórias. A hipótese básica é a de que a criança adotada se sentirá tão mais aceita na família adotiva quanto melhor for a qualidade dessa integração. Como ilustração, são apresentados quatro casos clínicos - trabalhados através do genograma - que levantam questões como o desejo e a motivação dos pais para a adoção, o acesso da família à biografia pré-adotiva e a revelação dos dados disponíveis sobre as origens. Destaco a importância da análise dos "*mitos e segredos sobre a origem na adoção*" para uma efetiva transformação no contexto da vida de todos os membros da família adotiva.

CURRICULUM

- Mestrado em Psicologia área de Família e Casal, 2001, PUC-Rio;
- Formação em Psicoterapia Analítica de Grupo, SPAG;
- Membro Docente e Didata da Sociedade Psicanalítica do Rio de Janeiro;
- Practicum na Accademia di Psicoterapia della Famiglia, Roma, Itália;
- Especialização em Geriatria e Gerontologia, UFF;
- Membro da European Family Therapy Association;
- Presidente da Associação de Terapia de Família do Rio de Janeiro, 2002-2006;
- Membro do Conselho da Associação Brasileira Terra dos Homens;
- Presidente da Associação Brasileira de Terapia Familiar, 2008-2010;
- Coordenadora do Conselho Deliberativo Científico da ABRATEF, 2012-2014;
- Presidente do XIII Congresso Brasileiro de Terapia Familiar, Rio de Janeiro, 2018.

SOBRE A AUTORA

Cynthia Ladvocat formou-se em Psicologia pela PUC-Rio em 1976. Trabalhou por 8 anos crianças especiais e suas famílias no CeNPI – Centro de Psicologia e Neuropsiquiatria Infantil. Durante 10 anos foi sócia-diretora do Grupsi – Terapêutica e Estudo da Criança, do Adulto e da Família, onde funcionou seu consultório até 1992. Entre os anos 1993 e 1998, participou da equipe do Instituto Mosaico, junto as turmas de especialização em família. Paralelamente ao trabalho clínico, investiu nos estudos como terapeuta. Fez várias formações: De 1982 a 1986 em psicoterapia em grupo pela SPAG-RJ; de 1984 a 1989 em terapia familiar no Cefac; de1987 a 1991 em psicanálise pela Sociedade Psicanalítica do Rio de Janeiro. Nos anos de 1996 e 1999, participou do Practicum na Accademia di Psicoterapia della Famiglia, em Roma na Italia. Em 1997 passou a trabalhar junto a equipe da Terre des Hommes, uma ong que na época tinha o foco do seu trabalho para a adoção internacional, tardia e interracial e nesse ano teve sua autonomia brasileira. Em 1998 passou a atuar junto a equipe técnica no trabalho psicosocial. da Associação Brasileira Terra dos Homens. No ano 2000 retornou a PUC-Rio para o Mestrado na área de família e casal e defendeu o tema deste livro. Fez parte da organização do V Encontro Nacional de Grupos de Apoio à Adoção. Passou a participar das reuniões junto as equipes dos projetos que trabalham com crianças e adolescentes em risco de perder ou privados do convívio familiar. Ampliou então o foco de seus estudos para a área social, na promoção da vida em família de crianças e adolescentes institucionalizados, em situação de rua ou de violência doméstica. Nos estudos de casos, desenvolveu sua experiência com a supervisão do "Self do Terapeuta", que a partir da construção do genograma, são analisadas as ressonâncias frente a família atendida para o desenvolvimento da competência do profissional. Em 2002, passou a coordenar a reunião com pais adotivos e aspirantes a adoção e a trabalhar mais intensamente no Núcleo de Formação e Incentivo a Convivência Familiar da Associação Brasileira Terra dos Homens, instituição onde é membro conselheira. Desde então, Cynthia Ladvocat, mantém seus estudos sobre o tema da adoção como uma das suas especialidades em institutos de psicanálise e de terapia familiar. Coordena grupos de estudo, supervisiona casos clínicos sobre famílias adotivas tanto na abordagem da psicanálise como da terapia familiar. Divulga seu trabalho em jornadas, simpósios e congressos científicos, bem como em entrevistas para a imprensa e canais de rádio e televisão.

PUBLICAÇÕES NO CAMPO DA ADOÇÃO

CYNTHIA LADVOCAT COMO AUTORA DE LIVROS NO CAMPO DA ADOÇÃO

2014. O Guia da Adoção, Aspectos Jurídicos, Sociais, Psicológicos e na Terapia Familiar - Organizadora Cynthia Ladvocat e Solange Diuana– Ed Roca, São Paulo.

2002. Mitos e Segredos sobre a Origem da Criança na Família Adotiva - Ed Booklink, Rio de Janeiro.

CYNTHIA LADVOCAT COMO CO-AUTORA EM ARTIGOS, REVISTAS E LIVROS NO CAMPO DA ADOÇÃO

2019. Ladvocat, Cynthia & Mello, Eliana – Law and psychoanalysis in process of adoption – IN: Psychoanalysis, lay and society – Montagna, Plinio & Harris, Adrienne – Routledge, London and New York.

2019. Exclusão e inclusão – Do abandon à adoção. IN: Primeiro Encontro Psicanalítico de Paraty – Diálogos com a cidade, SESC - Serviço Nacional do Comércio, Departamento Nacional, Rio de Janeiro.

2018. As falhas da adoção no casal parental – IN: Adoção Desafios da Contemporaneidade – Levinzon, Gina & Lisondo, Alicia (ORG) – Editora Blucher, São Paulo.

2015. Prevenção e reparação da preservação do vínculo familiar- IN: Expandindo Horizontes da Terapia Familiar – Macedo, Rosa Maria Stefanini (org) – Editora CRV, Curitiba – Brasil.

2010. A Terapia da Família Adotiva – Revista Brasileira de Terapia Familiar – Rio de Janeiro, Volume II – Numero 2.

2010. A Adoção no Setting Psicanalítico- - A Rainha que não Podia Reinar – IN: Revista Psicanalítica Volume XI – Numero I.

2010. Desafios do Trabalho do Psicólogo na Adoção: À Luz Da Teoria Psicanalítica De Kernberg E De Winnicott – IN:

Psicologia: Capo de Atuação. Teoria e Prática – Organizadora: Cynthia Ladvocat - Ed. Booklink, Rio de Janeiro.

2010. Famílias em Risco - IN: Manual de Terapia Familiar II – Osório, Luis Carlos & Valle, Maria Elizabeth Pascual do Vale (Org) – ARTMED, Porto Alegre.

2009. O Preconceito na Família – IN: Os Impasses dos Formadores em Ação: Questões Difíceis, Delicadas e Éticas da Terapia Familiar – Laurice Levy (Org) – Ed Roca, São Paulo.

2009. A Adoção no Setting Psicanalítico – Kleimann, Sonia - Org -Revista Virtual – Comissión de Família y Pareja – FEPAL – Buenos Aires.

2009. Famílias com Filhos Adotivos – IN: Manual de Terapia Familiar – Osório, Luis Carlos & Valle, Maria Elizabeth Pascual do Vale (org) – ARTMED, Porto Alegre.

2008. Parentalidade Homoafetiva – IN: Idéias Sistêmicas – Ano V: número 5.

2008. Adoção e Não-Adoção: Devolução e Reintegração da Criança Adotiva ao Abrigo – IN: Terapia Familiar no Brasil na Última Década – Macedo, Rosa Maria (org), Roca, São Paulo.

2006. O Ciclo Vital e a Relação Mãe Bebê na Gravidez Precoce – IN: Diversidades e Abordagens na Família Brasileira – Booklink, Rio de Janeiro.

2003. O Atendimento de Famílias em Situação de Risco - IN: Violência Intra-Familiar - Terra dos Homens, Ed Booklink.

2002. Procedimentos Básicos para a Adoção – IN: Colocação Familiar - Terra dos Homens, Ed Booklink.

2002. A Adoção nos Diferentes Ciclos de Vida – IN: Colocação Familiar - Terra dos Homens, Ed Booklink.

2002. Os Segredos da Adoção – IN: Colocação Familiar - Terra dos Homens, Ed Booklink.

2000. Conversation on Adoption - Revista Internacional On Line – Systems & Culture.

2000. Abandono de Crianças – Trabalhar com Famílias – Por Que e Para Que ? - Boletim da Associação de Terapia de Família – Ano 3 – No 3.

1997. Sexualidade na Infertilidade - Boletim Científico da Sociedade Psicanalítica do RJ – Vol XVIII nº 1.

1997. Famílias Adotivas - Boletim Científico da Sociedade Psicanalítica do RJ – Vol XVIII nº 4.

1996. Vicissitudes no Manejo da Transferência com Crianças Adotadas - Boletim Científico da Sociedade Psicanalítica do RJ – Vol XVII nº 2.

1993. Vicissitudes no Manejo da Transferência com Crianças Adotadas - Anais do XIV Congresso Brasileiro de Psicanálise.

Construindo ideias
e conectando mentes

Este livro foi composto com tipografia Minion Pro e impresso
em Pólen Soft 80g. na Formato Artes Gráficas em julho de 2021.